LIBRO DE COCINA DE RECETAS RÁPIDAS ENLATADAS

100 ALIMENTOS ENLATADOS SENCILLOS Y AHORROS DE TIEMPO

PEPITO VALLEJOS

Reservados todos los derechos.

Descargo de responsabilidad

La información contenida en este libro electrónico está destinada a servir como una colección completa de estrategias sobre las que el autor de este libro electrónico ha investigado. Los resúmenes, estrategias, consejos y trucos son solo recomendaciones del autor, y leer este libro electrónico no garantiza que los resultados de uno reflejen exactamente los resultados del autor. El autor del eBook ha realizado todos los esfuerzos razonables para proporcionar información actualizada y precisa a los lectores del eBook. El autor y sus asociados no se hacen responsables de cualquier error u omisión no intencional que pueda encontrarse. El material del eBook puede incluir información de terceros. Los materiales de terceros se componen de opiniones expresadas por sus propietarios. Como tal, el autor del libro electrónico no asume responsabilidad alguna por ningún material u opiniones de terceros.

El libro electrónico tiene derechos de autor © 2022 con todos los derechos reservados. Es ilegal redistribuir, copiar o crear trabajos derivados de este libro electrónico en su totalidad o en parte. Ninguna parte de este informe puede ser reproducida o retransmitida de ninguna forma sin el permiso escrito, expreso y firmado del autor.

TABLA DE CONTENIDO

TABLA DE CONTENIDO 4
INTRODUCCIÓN 8
FRIJOLES ENLATADOS 11
    1. Estofado de tocino, carne de res y frijoles 12
    2. Mac con chile 16
    3. Pollo Margarita 19
    4. Frijoles enlatados en salsa de tomate 22
    5. Chile con carne 25
    6. sopa de tacos sopas de tacos 28
    7. Chile de 5 frijoles 32
    8. Caviar vaquero 36
    9. Pastel de tacos 39
    10. Carne de Res al Estilo Griego con Verduras 42
    11. Ensalada de salmón, frijoles y col rizada 45
CALABAZA ENLATADA 48
    12. Smoothie de tarta de calabaza 49
    13. Avena con especias de calabaza 51
    14. Sopa de calabaza 54
    15. Barras de avena con mantequilla de maní y calabaza 57
    16. Puré De Papas Con Calabaza Y Ajo 60
    17. Pasta toscana de calabaza 63
    18. Abundante Chile De Calabaza 66
    19. Pastel de calabaza con caramelo 69
VEGETALES ENLATADOS 72
    20. Estratos de Huevo y Alcachofa 73
    21. Tortilla 77

22. Arroz español 79
23. Ragú De Cerdo Con Champiñones 82
24. Cazuela de atún 85
25. Rigatoni con Tomate y Queso 89
26. Ensalada Asiática De Atún 92
27. Mini tortas de cangrejo 95
28. Pasta De Tomate Y Atún 99
29. Piperada de cerdo 102
30. Tacos De Atún Enlatado 105
31. Dip de queso de cocción lenta 108
32. Pollo al curry de coco 111
33. Ensalada De Garbanzos Y Feta 115
34. Camarones Fra Diavolo 118
35. Albóndigas italianas cocinadas a fuego lento 121
36. Ternera a la Cerveza 124
37. Pad Thai Pollo 126
38. Curry verde tailandés 129
39. Pollo A La Piña 131
40. Arroz Vegetariano 133
41. Arroz con huevo frito 136
42. salmón al horno 139
43. Carbonara al funghi 141
44. Boloñesa de espagueti simple 144
45. Ensalada de pepino 146
46. Ensalada de queso de cabra/remolacha 148

POSTRE EN LATA 150

47. Barras de pastel de arándanos 151
48. Sartén De Piña Al Revés 155
49. Microondas Cereza Crujiente 159
50. Ensalada Ambrosia 162
51. Tarta de manzana en lata 164
52. Buñuelos de almejas en lata 168

CARNE EN CONSERVA 171

    53. Hachís dorado 172
    54. Repollo a la plancha y carne en conserva 174
    55. Sándwich de ternera y cebolla 176
    56. Estofado de ternera con albóndigas 178
    57. Pastel de ternera y nabos 180
    58. Vieira de ternera 183
    59. pastel de tamal 185

SARDINAS EN CONSERVA 187

    60. Tazón de sardinas y vegetales 188
    61. sardinas en tostadas 191
    62. Sardinas de California al horno 193
    63. Chartreuse de arroz y pescado 195
    64. Pelusa de sardina 197
    65. Estampado de sardinas 200
    66. Sardinas asadas con salsa curry 202
    67. Cazuela de sardinas con tomate 204
    68. Revuelto de sardinas 206
    69. Sardina Newburg 208
    70. Sardinas con salsa de champiñones 210
    71. Sardinas al estilo sureño 212
    72. Parrillada de sardinas 214
    73. Sardina salteada con fideos 216
    74. Chuletitas de sardina en fromage 218
    75. Cena de ensalada de sardinas 220
    76. Antipasto de sardinas 222
    77. Ensalada de sardinas y espárragos 224

JUDÍAS VERDES ENLATADAS 226

    78. Patatas A La Sartén Y Judías Verdes 227
    79. cazuela de judías verdes 230
    80. Judías verdes y tomates 233

81. Ensalada De Tres Frijoles 235
82. sopa de tres hermanas 238
83. Judías verdes con ajo 241
84. Cazuela de cena simple 244

MAÍZ ENLATADO 246

85. Maíz con mantequilla de hierbas 247
86. Budín de Maíz Supremo 249
87. Salsa De Maíz Asado Y Frijoles Negros 252
88. sopa de elote 255

ACEITUNAS EN CONSERVA 257

89. Bistec Rib-Eye Sellado Con Salsa De Tomate Y Aceituna 258
90. Ensalada De Higos Y Prosciutto 262
91. Tapenade De Aceitunas 265
92. Pan de Queso con Ajo y Aceitunas Verdes 267
93. Aceitunas de ternera 270

JICA EN CONSERVA 274

94. Yaca tirada "cerdo" 275
95. Curry de jaca 278
96. Cuencos de quinoa y jaca 283
97. Muffins de coco y jaca 287
98. Batido de jaca vietnamita 291
99. budín de jaca 293
100. pulao de jaca 297

CONCLUSIÓN 300

INTRODUCCIÓN

La cocina moderna con tantas comodidades nos hace bendecidos de existir en tiempos como este.

Los alimentos enlatados mejoran la vida ya que las personas tienen la libertad de cocinar fácilmente y más tiempo para disfrutar de otros placeres. Aunque los medios de comunicación promocionan los alimentos enlatados como poco saludables en la mayoría de los casos, estoy de acuerdo en tener cuidado con las elecciones de uno. Sin embargo, muchos alimentos enlatados son buenos para el consumo. El truco para mantenerse seguro al cocinar con alimentos enlatados es investigar la buena ética de la empresa fabricante, confirmar las mezclas de alimentos a través de las etiquetas de los productos y mantenerse alejado de la comida chatarra tanto como sea posible.

Muchas veces, uno puede no tener tiempo disponible para preparar ingredientes como verduras, carnes, mariscos y salsas, lo que hace que las alternativas preparadas enlatadas sean mejores.

A continuación, comparto recetas de comida enlatada que le ahorrarán tiempo y esfuerzo colectivo. Son deliciosos y te dan la vibra perfecta de comidas caseras frescas. Entonces, la próxima vez que mire la pila de alimentos enlatados en su despensa, vea las posibilidades de comidas deliciosas y seguras para disfrutar.

Recetas cómodas de comida enlatada

Comidas diarias sabrosas, que ahorran tiempo y espléndidas

FRIJOLES ENLATADOS

1. Estofado de tocino, carne de res y frijoles

Para 4 personas

Ingredientes:

- 4 rebanadas de tocino, picadas
- 2 libras de carne de res para estofado, sin grasa y cortada en trozos de 1 pulgada
- 1 cebolla grande, picada
- 2 zanahorias grandes, peladas y cortadas en trozos de $\frac{1}{4}$ de pulgada
- 2 cucharaditas de ajo picado
- 2 tallos de apio grandes, cortados en trozos de $\frac{1}{4}$ de pulgada
- 1 lata (14.5 oz.) de tomates cortados en cubitos, sin escurrir
- 1 lata (15.5 oz.) de garbanzos, escurridos y enjuagados
- 1 ((15.5 oz.) lata de frijoles rojos, escurridos y enjuagados
- 1 cucharada de tapioca de cocción rápida

- 1 ½ cucharadita de pimentón ahumado
- 1 ½ cucharadita de tomillo seco
- ½ cucharadita de comino en polvo
- 1 cucharadita de salsa Worcestershire
- Sal y pimienta negra al gusto
- 1 taza de caldo de res
- Perejil fresco picado para decorar

Direcciones

a) Cocine el tocino en una olla mediana a fuego medio durante 5 a 10 minutos.

b) o hasta que estén dorados y crujientes. Retirar a un plato y reservar.

c) Agregue la carne de res a la grasa de tocino en la olla y cocine por 10 minutos o hasta que

d) marrón. Cubra con cebolla, zanahorias, ajo y apio; revuelva y cocine por 5

e) minutos o hasta que las zanahorias estén tiernas.

f) Vierta el tocino y los ingredientes restantes a la olla, excepto el perejil.

g) y llevar a ebullición. Luego, cocine a fuego lento durante 10 a 12 minutos o hasta que la sopa

h) espesa ligeramente y los tomates se ablandan. Ajustar el sabor con sal y

i) pimienta negra.

j) Sirva la sopa, decore con perejil y sirva caliente.

2. Mac con chile

Para 4 personas

Ingredientes:

- 1 libra de carne molida
- Sal y pimienta negra al gusto
- ½ taza de cebolla picada
- 1 cucharadita de ajo picado
- 1 lata (14 oz.) de frijoles rojos oscuros, escurridos y enjuagados
- 1 lata (15 oz.) de tomates y pimientos cortados en cubitos
- 1 lata (8 oz.) de salsa de tomate
- ½ taza de macarrones secos
- ½ taza de agua
- 1 cucharada de chile en polvo
- ½ cucharadita de comino en polvo
- 1 taza de queso cheddar rallado
- Perejil fresco picado para decorar

Direcciones

a) Agregue la carne a una olla mediana antiadherente y cocine por 10 minutos o hasta que se dore. Sazone con sal y pimienta negro.

b) Agregue la cebolla y el ajo; cocina por 3 minutos o hasta que la cebolla esté tierna.

c) Vierta los ingredientes restantes excepto el perejil y el queso cheddar. Llevar a ebullición y luego cocine a fuego lento durante 15 a 20 minutos o hasta que los macarrones estén al dente. Ajuste el sabor con sal y pimienta negra.

d) Espolvoree queso cheddar encima, cubra la olla y cocine a fuego lento durante 1 a 2 minutos o hasta que el queso se derrita.

e) Sirva la comida y sírvala caliente.

3. Pollo Margarita

Para 4 personas

Ingredientes:

- 1 cucharada de aceite de oliva
- 4 pechugas de pollo deshuesadas y sin piel
- 1 taza de salsa verde preparada
- 1 taza de queso pepper jack rallado
- 1 (15 oz.) de frijoles negros, enjuagados y escurridos
- 1 lima, en jugo
- ½ cucharadita de comino en polvo
- Sal y pimienta negra al gusto
- cilantro fresco picado

Direcciones

a) Precaliente el horno a 450 grados F.

b) Caliente el aceite en una sartén apta para horno a fuego medio.

c) Sazone el pollo con sal y pimienta negra. Cocinar en aceite por 3 minutos

d) por lado o hasta que estén ligeramente doradas.

e) Vierta la salsa sobre el pollo y esparza el queso encima. Transfiera la sartén a

f) horno y hornee por 5 minutos o hasta que el queso se derrita y la salsa burbujee.

g) Mientras tanto, en una olla, combine los frijoles negros, el jugo de lima, el comino en polvo,

h) sal y pimienta negra. Caliente a fuego medio durante 4 a 5 minutos.

i) y apague el calor.

j) Divida los frijoles en cuatro platos para servir y cubra con un pollo cada uno.

k) Adorne con cilantro y sirva tibio.

4. Frijoles enlatados en salsa de tomate

Rendimiento: 1 Porciones

Ingrediente

- 1 lata Frijoles en salsa de tomate
- ⅓ taza de salsa de tomate
- 1 cucharada de mostaza Dijon
- 1 cucharada de melaza Fancy
- 2 cucharadas de azúcar
- 3 gotas de humo de nogal líquido, más o menos

Direcciones

a) Escurra, pero no enjuague los frijoles y póngalos en su olla de frijoles o lo que sea.

b) Luego mezcle los ingredientes restantes.

c) Agregue todo esto a los frijoles y póngalo en el microondas, caliéntelo sobre la estufa u hornee a 300 grados hasta que esté caliente (20 minutos más o menos).

5. Chile con carne

Ingredientes
- Carne molida/picada 500g
- 1 cebolla grande picada
- 2--3 dientes de ajo
- 1--2 Latas de tomate picado 400g
- Exprimido de puré de tomate
- 1 cucharadita de chile en polvo (o al gusto)
- 1 cucharadita de comino molido
- pizca de salsa Worcester
- Espolvorear sal y pimienta
- 1 pimiento rojo picado
- 1 lata de alubias escurridas 400g

Direcciones

a) Freír la cebolla en una sartén caliente con aceite hasta que esté casi dorada y luego agregar el ajo picado.

b) Agregue la carne picada y revuelva hasta que se dore -- drene cualquier exceso de grasa si lo desea

c) Agregue todas las especias secas y los condimentos, luego reduzca el fuego y agregue los tomates picados.

d) Revuelva bien y agregue el puré de tomate y la salsa Worcestershire, luego deje hervir a fuego lento durante aproximadamente una hora (menos si tiene prisa)

e) Agregue el pimiento rojo picado y continúe cocinando a fuego lento durante 5 minutos, luego agregue la lata de frijoles escurridos y cocine por otros 5 minutos. Si el chile se seca en algún momento, simplemente agregue un poco de agua.
f) ¡Sirve con arroz, papas asadas o pasta!

6. sopa de tacos sopas de tacos

Para 4 personas

Ingredientes:

- 1 libra de carne molida
- 1 cucharada de aceite de oliva
- 1 cebolla mediana, picada
- 2 paquetes de condimento para tacos
- 2 latas (15 oz.) de tomates y pimientos cortados en cubitos
- 2 tazas de caldo de pollo
- 1 lata (15 oz.) de frijoles negros
- 1 lata (15 oz.) de granos de maíz dulce
- 1 lata (15 oz.) de frijoles Great Northern
- Sal y pimienta negra al gusto

Coberturas:

- Jugo de limón fresco
- Tiras de tortilla

- Queso Monterey Jack rallado
- Tomates cortados
- aguacate en rodajas
- cilantro fresco picado

Direcciones

a) Cocine la carne en una olla mediana a fuego medio durante 10 minutos, revolviendo ocasionalmente, hasta que se dore. Vierta la carne en un plato y reserve.

b) Caliente el aceite de oliva en una olla y saltee la cebolla durante 3 minutos o hasta que esté tierna.

c) Regrese la carne a la olla y agregue los ingredientes restantes excepto los ingredientes. Llevar a ebullición y luego cocine a fuego lento durante 10 minutos o hasta que la sopa se espese un poco. Ajuste el sabor con sal y pimienta negra.

d) Sirva la sopa en tazones para servir y agregue los ingredientes.

e) Servir tibio.

7. Chile de 5 frijoles

Para 4 personas

Ingredientes:

- 2 cucharadas de aceite de oliva
- 1 pimiento verde mediano, sin semillas y picado
- 1 cebolla mediana, picada
- 2 chiles jalapeños, sin semillas y picados
- 8 dientes de ajo, picados
- 1 ½ libra de pavo molido
- 2 cucharaditas de condimento Old Bay
- 5 cucharadas de chile en polvo
- 2 cucharadas de comino en polvo
- 1 cucharadita de orégano seco
- Sal y pimienta negra al gusto
- 2 latas (14 oz.) de tomates picados, sin escurrir
- 1 lata (15 oz.) de frijoles negros, escurridos y enjuagados

- 1 lata (15 oz.) de frijoles pintos, escurridos y enjuagados
- 1 lata (15 oz.) de frijoles rojos, escurridos y enjuagados
- 1 lata (15 oz.) de garbanzos, escurridos y enjuagados
- 1 lata (15 oz.) de frijoles Great Northern, escurridos y enjuagados
- 2 ½ tazas de agua
- Cilantro fresco picado para decorar

Direcciones

a) Caliente el aceite de oliva en una olla grande a fuego medio.

b) Agregue y saltee el pimiento, la cebolla, los chiles jalapeños y el ajo durante 3 minutos o hasta que estén tiernos y fragantes.

c) Agregue el pavo a la olla, mezcle y cocine por 10 minutos o hasta que ya no esté rosado. Sazone con condimento Old Bay, chile en polvo, comino en polvo, orégano, sal y pimienta negra. Cocine por 2 minutos o hasta que esté fragante.

d) Vierta los tomates, los frijoles y el agua. Lleve a ebullición y luego cocine a fuego lento durante 10 a 12 minutos o hasta que los tomates se rompan y los frijoles se calienten. Ajuste el sabor con sal y pimienta negra.

e) Sirva el chile, decore con cilantro y sirva tibio.

8. Caviar vaquero

Para 4 personas

Ingredientes:

Ensalada:

- 1 lata (15 oz.) de frijoles negros, escurridos y enjuagados
- 1 lata (15 oz.) de frijoles caritas, escurridos y enjuagados
- 1 lata (15 oz.) de frijoles pintos, escurridos y enjuagados
- 2 latas (15 oz.) de granos de maíz dulce, escurridos
- 1 bote pequeño de pimientos cortados en cubitos, escurridos
- 1 pimiento verde, picado
- 1 cebolla mediana, picada
- 1 taza de apio picado

Vendaje:

- $\frac{3}{4}$ taza de vinagre de sidra de manzana
- $\frac{3}{4}$ taza de azúcar granulada

- 1 cucharada de agua
- ½ taza de aceite de oliva
- Sal y pimienta negra al gusto

Direcciones

a) Agregue todos los ingredientes de la ensalada en un tazón y mezcle bien. Dejar de lado.

b) Combine los ingredientes del aderezo en una olla pequeña y hierva.

c) fuego medio. Revuelva ocasionalmente y apague el fuego una vez que hierva.

d) Rocíe la mezcla de aderezo sobre la ensalada, mezcle bien y sirva.

9. Pastel de tacos

Para 4 personas

Ingredientes:

- 1 caja de masa para pay refrigerada, contiene 2 masas
- $\frac{1}{2}$ taza de cebolla picada
- 1 libra de pavo molido
- 2 paquetes de condimento para tacos
- 1 taza de agua
- 1 lata (15 oz.) de tomates cortados en cubitos
- 1 lata (15 oz.) de frijoles negros, escurridos
- 1 lata (15 oz.) de granos de maíz dulce, escurridos
- 1 lata (4 oz.) de chiles verdes cortados en cubitos
- 8 oz. Queso pimienta

Direcciones

a) Precaliente el horno a 425 grados F y cubra un molde para pastel con una masa para pastel.

b) Dejar de lado.

c) Agregue el pavo y las cebollas a una sartén grande. Revuelva y cocine a fuego medio durante 10 minutos o hasta que ya no esté rosado.

d) Sazone con el condimento para tacos. Agregue el agua, hierva y luego cocine a fuego lento durante 5 minutos o hasta que la salsa espese.

e) Mezcle los tomates, los frijoles negros, el maíz, los chiles verdes y el queso hasta que estén bien distribuidos. Vierta la mezcla sobre la masa en un molde para pastel y cubra con otra masa. Pellizque los bordes para sellar.

f) Hornee en el horno durante 30 minutos o hasta que la masa esté dorada.

g) Retire la sartén y sirva caliente.

10. Carne de Res al Estilo Griego con Verduras

Para 4 personas

Ingredientes:

- 1 libra de carne molida
- Sal y pimienta negra al gusto
- 1 cucharada de aceite de oliva
- 5 zanahorias medianas, en rodajas
- $\frac{1}{4}$ de taza + 2 cucharadas de vino blanco, cantidad dividida
- 1 manojo de bok choy bebé, recortado y picado en trozos grandes
- 3 dientes de ajo, picados
- 1 lata (15 oz.) de frijoles blancos, enjuagados y escurridos
- 2 Cucharadas de orégano fresco finamente picado
- $\frac{1}{2}$ taza de queso parmesano rallado
- 2 cucharadas de jugo de limón

Direcciones

a) Cocine la carne en una sartén grande a fuego medio durante 10 minutos o hasta que se dore.

b) Sazone con sal, pimienta negra y transfiera a un plato. Dejar de lado.

c) Caliente el aceite de oliva en la misma sartén y saltee las zanahorias durante unos 5 minutos o hasta que estén tiernas. Agregue bok choy, ajo y $\frac{1}{4}$ de taza de vino blanco; cocina por 3 minutos o hasta que el bok choy se marchite.

d) Agregue la carne de res, los frijoles blancos, el orégano y el vino blanco restante; cocine a fuego lento durante 3 minutos o hasta que los frijoles estén tibios. Apague el fuego y rocíe jugo de limón encima.

e) Sirva la comida, cubra con queso parmesano y sirva caliente.

11. Ensalada de salmón, frijoles y col rizada

Para 4 personas

Ingredientes:

Ensalada:

- 3 latas (5 oz.) de trozos de salmón
- $\frac{1}{2}$ taza de garbanzos enlatados, escurridos y enjuagados
- 10 tazas de col rizada picada
- 1 aguacate, sin hueso, pelado y picado
- 1 cucharadita de semillas de sésamo blanco o negro

Vendaje:

- 2 cucharadas de tahini
- 3 cucharaditas de jugo de limón fresco
- 4 cucharaditas de aceite de oliva
- $\frac{1}{4}$ de cucharadita de ajo en polvo
- Sal y pimienta negra al gusto

Direcciones

a) Mezcle todos los ingredientes de la ensalada en un tazón y reserve.

b) Batir los ingredientes del aderezo en un tazón hasta que quede suave y rociar sobre

c) ensalada. Mezcle bien.

CALABAZA ENLATADA

12. Smoothie de tarta de calabaza

Sirve: 1

Ingredientes:

- ¼ taza de puré de calabaza en lata
- 1 plátano mediano congelado
- ½ cucharadita de especias para pastel de calabaza
- 1 cucharada de proteína de vainilla en polvo
- 1/8 cucharadita de canela en polvo
- 1 taza de leche de vainilla
- 1 cucharada de mantequilla de almendras
- ¼ taza de hielo

Direcciones

a) Agregue todos los ingredientes a una licuadora y procese hasta que quede suave.

b) Vierta el batido en un vaso y disfrute.

13. Avena con especias de calabaza

Ingredientes:

- 1/2 taza de avena rápida
- 1/4 cucharadita de especias para pastel de calabaza o canela
- 3/4 tazas de leche sin grasa o baja en grasa
- 1 cucharada de azúcar moreno o sirope de arce
- 4 cucharadas de puré de calabaza enlatada
- 2 cucharadas de pasas o arándanos (opcional)
- 1/2 plátano, en rodajas (opcional)
- 1/2 de manzana picada (opcional)

Direcciones:

a) Estufa: mezcle la avena, la leche, el azúcar/jarabe de arce, el puré de calabaza y la canela en una olla pequeña a fuego medio.

b) Revuelva continuamente hasta que la mezcla se vuelva espesa y cremosa. Agregue coberturas para endulzar si lo desea.

c) Microondas: en un recipiente apto para microondas, mezcle la avena, la leche, el azúcar/jarabe de arce, el puré de calabaza y la canela.

d) Cocine a fuego alto durante 1-2 minutos, revolviendo a la mitad. Agregue coberturas para endulzar si lo desea.

14. Sopa de calabaza

Ingredientes:

- 1 cucharada de aceite
- 1 cucharada de pasta de tomate (opcional)
- 2 cebollas medianas, picadas
- 1 cucharadita de chile en polvo
- 2 dientes de ajo picados (o 1 cucharadita de ajo en polvo)
- 1/2 cucharadita de curry en polvo (opcional)
- 2 (15oz.) latas de calabaza
- 1-2 cucharaditas de vinagre o jugo de limón/lima
- 3 tazas de caldo de pollo o caldo de verduras
- 1 cucharadita de sal
- 1 taza de leche baja en grasa
- 1/4 cucharadita de pimienta negra

Direcciones:

a) Caliente el aceite en una olla a fuego medio-alto. Agregue las cebollas y cocine, revolviendo con frecuencia, hasta que se doren, unos 6-7 minutos.

b) Agregue el ajo y cocine, revolviendo constantemente, durante 1 minuto más.

c) Agregue calabaza, caldo/agua, chile en polvo, curry en polvo (si se usa), pasta de tomate (si se usa), sal y pimienta. Traer

d) a ebullición.

e) Reduzca el fuego a bajo. Agregue la leche y cocine a fuego lento durante 10-15 minutos. Agregue vinagre y pruebe. Ajuste los condimentos como desee.

f) Sirva tibio y refrigere las sobras.

15. Barras de avena con mantequilla de maní y calabaza

Ingredientes:

- 1/4 taza de mantequilla de maní
- 2 tazas de avena (cualquier tipo)
- 3/4 taza de puré de calabaza enlatado
- 1/4 taza de azúcar moreno
- 1 cucharadita de canela
- 1/2 taza de pasas
- 1 cucharadita de extracto de vainilla (opcional)

Direcciones:

a) Precaliente el horno a 350F. Engrasa un molde para hornear de 8x8 pulgadas.

b) Combine todos los ingredientes en un tazón y revuelva a mano.

c) Extienda la masa uniformemente en la sartén y comprima con las manos o una espátula.

d) Hornee durante 18-22 minutos; las barras estarán firmes al tacto, incluso cuando estén calientes. Enfriar y cortar en cuadrados. Almacenar extras en

e) la encimera, el refrigerador o en el congelador para almacenamiento a largo plazo.

16. Puré De Papas Con Calabaza Y Ajo

Ingredientes:

- 3 tazas de papas picadas (frescas o enlatadas) O 2 tazas de papas instantáneas
- 2 dientes de ajo picados (o 1 cucharadita de ajo en polvo)
- 1 taza de puré de calabaza
- 2 cucharaditas de aceite (solo si usa ajo fresco)
- 1/3 taza de leche
- 1 cucharada de aceite o mantequilla
- 1 cucharadita de sal
- 1/2 cucharadita de pimienta negra
- 1/2 taza de guisantes enlatados. Escurrido y enjuagado
- Un puñado de espinacas frescas (opcional)

Direcciones:

a) Pon a hervir una olla grande de agua con sal. Hierva las papas durante 5 minutos (enlatadas), de 18 a 22 minutos (frescas) o hasta que estén lo suficientemente blandas como para hacer un puré. Escúrrelo y ponlo en un envase grande.

b) Si usa puré de papas instantáneo, prepárelo de acuerdo con el paquete.

c) Mientras tanto, caliente el aceite en una sartén a fuego lento. Agregue el ajo y cocine, revolviendo constantemente, durante 1 minuto. Si usa ajo en polvo, omita este paso.

d) Triture los trozos de papa en un tazón grande con un tenedor o un triturador de papas. Mezcle el puré de calabaza, la leche, el aceite/mantequilla, la sal, la pimienta, el ajo en polvo (si se usa) y los guisantes o las espinacas (si se usa). Servir tibio.

17. Pasta toscana de calabaza

Ingredientes:

- 8 oz. pastas integrales
- 1/2 taza de agua
- 1 cucharada de aceite
- 1 1/2 cucharadita de condimento italiano
- 1 cebolla, picada
- 1/2 cucharadita de sal
- 2 dientes de ajo picados (o 1 cucharadita de ajo en polvo)
- 1/2 cucharadita de pimienta negra
- 1 lata (15oz.) de puré de calabaza
- Una pizca de hojuelas de pimiento rojo (opcional)
- 1 lata (15 oz.) de salsa de tomate o tomate cortado en cubitos
- 1/2 taza de queso parmesano (opcional)

Direcciones:

a) Cocine la pasta según las instrucciones del paquete. Escurrir y reservar.

b) Caliente el aceite en una olla o sartén grande a fuego medio-alto. Agrega la cebolla. Cocine, revolviendo con frecuencia, hasta que estén tiernos y ligeramente dorados (unos 5 minutos). Agrega ajo. Cocine por 1 minuto más, revolviendo constantemente para evitar que se queme.

c) Agregue el condimento italiano (y el ajo en polvo si lo usa) y revuelva. Agregue tomates, puré de calabaza, agua, pimienta y hojuelas de pimiento rojo (si se usa). Revuelva a fuego medio hasta que la salsa comience a burbujear. Baje el fuego y cocine a fuego lento durante 3-5 minutos, revolviendo ocasionalmente.

d) Mezcle con la pasta cocida y sirva caliente. Refrigere las sobras.

18. Abundante Chile De Calabaza

Ingredientes:

- 2 cucharadas de aceite
- 1 cebolla grande, picada (o 2 cucharaditas de cebolla en polvo)
- 1 lata (15oz.) de frijoles (cualquier tipo)
- 2 dientes de ajo (o 1 cucharadita de ajo en polvo)
- 1 lata (15 oz.) de maíz en grano entero, escurrido y enjuagado
- 1 cucharada de chile en polvo
- 1 lata (15 oz.) de tomates cortados en cubitos, con jugos
- 1 cucharadita de comino molido
- 1 lata (15oz.) de puré de calabaza
- 1/2 cucharadita de pimienta negra
- 1 1/2 tazas de agua o caldo
- 1 cucharadita de sal

Direcciones:

a) En un colador, enjuague y escurra los frijoles y el maíz.

b) Caliente el aceite en una olla grande a fuego medio-alto. Agregue cebollas. Cocine, revolviendo con frecuencia, hasta que estén tiernos (unos 5 minutos). Agrega ajo. Cocine por 1 minuto, revolviendo constantemente. Si usa cebolla/ajo en polvo, omita este paso.

c) Agregue tomates y sus jugos, calabaza, agua, chile en polvo, comino, ajo/cebolla en polvo (si se usa), sal y pimienta. Llevar a ebullición. Reduzca el fuego a bajo. Agregue los frijoles y el maíz. Tape y cocine, revolviendo, durante 15-20 minutos.

19. Pastel de calabaza con caramelo

Rendimiento: 8 porciones

Ingrediente

- 1 taza de migas de galleta Graham
- $\frac{1}{4}$ taza de margarina; Derretido
- $\frac{7}{8}$ onza de mezcla instantánea de pudín de caramelo sin azúcar; (paquete de 0.9 onzas)
- 1 taza de leche descremada
- 1 lata puré de calabaza
- 1 cucharadita de canela molida
- $\frac{1}{2}$ cucharadita de nuez moscada molida
- 1 taza de cobertura batida ligera
- 1 cucharadita de extracto de vainilla

Direcciones:

a) Para hacer la masa de pastel, combine las migas de galleta Graham y la margarina derretida; golpe en un molde para pastel de 9 pulgadas. Hornee a 350°F por 10 minutos; frio.

b) Para el relleno, combine la mezcla de pudín y la leche en un tazón para mezclar; Golpea bien. Agrega la calabaza, la canela y la nuez moscada; mezclar bien. Vierta en la corteza. Enfríe por al menos Combine los ingredientes de cobertura; repartir en rebanadas individuales.

Rinde 8 porciones.

VEGETALES ENLATADOS

20. Estratos de Huevo y Alcachofa

Para 4 personas

Ingredientes:

- 1 cucharada de aceite de oliva virgen extra
- 1 cebolla amarilla mediana, picada
- 8 oz. espinacas picadas congeladas
- ½ taza de tomates secados al sol, escurridos y picados
- 1 lata (14 oz.) de corazones de alcachofa, escurridos y cortados en cuartos
- 2 ½ tazas llenas de baguette en cubos
- Sal y pimienta negra al gusto
- ⅔ taza de queso feta, desmenuzado
- 8 huevos
- 1 taza de leche
- 1 taza de requesón
- 2 cucharadas de albahaca fresca picada
- 3 cucharadas de queso parmesano rallado

Direcciones

a) Precaliente el horno a 350 F.

b) Caliente el aceite de oliva en una sartén grande de hierro fundido a fuego medio. Agregue y saltee la cebolla durante 3 minutos o hasta que esté tierna.

c) Agregue las espinacas y cocine hasta que se descongelen y la mayor parte del líquido se haya evaporado. Apague el calor.

d) Agregue los tomates secados al sol, los corazones de alcachofa y la baguette hasta que estén bien distribuidos. Sazone con sal, pimienta negra y espolvoree queso feta encima; dejar de lado.

e) En un tazón mediano, bata los huevos, la leche, el requesón y la albahaca. Vierta la mezcla sobre la mezcla de espinacas y use una cuchara para golpear suavemente para que la mezcla de huevo se distribuya bien. Espolvorea queso parmesano encima.

f) Transfiera la sartén al horno y hornee durante 35 a 45 minutos o hasta que estén doradas por encima y los huevos estén listos.

g) Retire la sartén; corte los estratos en gajos y sírvalos tibios.

21. Tortilla

Ingredientes
- 3 huevos
- Sal y pimienta
- Manteca
- queso rallado (opcional)
- Hierbas mixtas (opcional)

Direcciones

a) Mezcle los huevos en cualquier tipo de tazón o jarra que desee (¡un vaso de pinta funciona bien!) Con sal, pimienta y hierbas si lo desea.
b) Caliente la mantequilla (o el aceite) en una sartén razonablemente grande
c) Vierta la mezcla de huevo lentamente y agite un poco la sartén para nivelarla.
d) Después de unos 30 segundos, la parte superior debería reafirmarse, en este punto agregue queso rallado si lo desea.
e) Continúe cocinando un poco hasta que el queso comience a derretirse, luego doble la tortilla por la mitad con una espátula flexible.

22.   Arroz español

Para 4 personas

Ingredientes:

- ¼ taza de mantequilla vegana
- 2 tazas de arroz instantáneo crudo
- 1 diente de ajo picado
- 1 lata (14.5 oz.) de tomates cortados en cubitos, sin escurrir
- 1 taza de agua hirviendo
- 2 cubitos de caldo de verduras, triturados
- Sal y pimienta negra al gusto
- 1 cebolla mediana, picada
- 1 hoja de laurel
- 1 cucharadita de azúcar
- Perejil fresco picado para decorar

Direcciones

a) Derrita la mantequilla o la mantequilla vegana en una olla grande a fuego medio.

b) Agregue el arroz y cocine durante 1 a 2 minutos o hasta que esté ligeramente dorado. Añadir algo

c) Ingredientes restantes excepto el perejil y llevar a ebullición. Reducir

d) caliente y cocine a fuego lento durante 10 a 15 minutos o hasta que estén tiernos. Ajustar sabor

e) con sal y pimienta negra.

f) Sirva la comida, adorne el perejil y sirva caliente.

23. Ragú De Cerdo Con Champiñones

Para 4 personas

Ingredientes:

- ¾ lb de lomo de cerdo
- Sal y pimienta negra al gusto
- ¾ taza de tomates triturados enlatados
- 1 ½ tazas de champiñones frescos rebanados
- ¾ taza de caldo de pollo, dividido
- 1/3 taza de cebolla blanca rebanada
- 1 cucharada de tomates secos picados, no en aceite
- 1 ¼ cucharadita de ajedrea seca
- 1 cucharadas de maicena

Direcciones

a) Sazone la carne de cerdo por ambos lados con sal y pimienta negra.

b) Coloque en Instant Pot (o en una olla a presión) y agregue los ingredientes restantes, excepto la mitad del caldo de pollo y la maicena.

c) Cubra y asegure bien la tapa, seleccione el modo Manual en ALTA presión y el temporizador durante 6 minutos.

d) Realice una liberación rápida de presión hasta que salga todo el vapor y abra la tapa con cuidado.

e) Mezcle el caldo de pollo reservado con maicena y viértalo en la comida.

f) Configure Instant Pot en modo Sauté y cocine durante 2 a 3 minutos o hasta que la salsa se espese. Ajuste el sabor con sal y pimienta negra.

g) Sirva la comida y sírvala caliente.

24. Cazuela de atún

Para 4 personas

Ingredientes:

- 5 cucharadas de mantequilla + extra para engrasar
- 4 tazas de fideos de huevo cocidos
- 1 taza de queso pepper jack rallado
- 3 latas (5 oz.) de hojuelas de atún, escurridas
- 2 frascos pequeños de pimientos cortados en cubitos, escurridos
- $\frac{1}{2}$ taza de cebolla picada
- $\frac{1}{2}$ tazas de apio picado
- 1 cucharadita de mostaza seca
- $\frac{1}{2}$ taza de harina común
- Sal al gusto
- 1 taza de leche
- 1 taza de caldo de pollo

- ½ taza de migas de pan panko
- ¼ de cucharadita de condimento italiano

Direcciones

a) Precaliente el horno a 375 grados F y engrase una cacerola mediana con mantequilla.

b) En un tazón grande, mezcle los fideos, el queso, las hojuelas de atún y los pimientos. Dejar de lado.

c) Derrita 3 cucharadas de mantequilla en una olla pequeña y saltee la cebolla y el apio durante 3 minutos o hasta que estén tiernos. Agregue la mostaza, la harina y la sal; cocine por 1 minuto. Agregue la leche y el caldo de pollo hasta que quede suave y cocine durante 1 a 2 minutos o hasta que espese y burbujee.

d) Vierta la salsa sobre la mezcla de fideos y combine bien. Transfiera la mezcla a una cacerola.

e) Cubra con mantequilla reservada, pan rallado y condimento italiano.

f) Llevar al horno de 20 a 25 minutos.

g) Retire el plato y sirva caliente.

25. Rigatoni con Tomate y Queso

Para 4 personas

Ingredientes:

- 1 cucharada de aceite de oliva
- 1 cebolla pequeña, picada
- 1 taza de champiñones cremini rebanados
- 1 lata (28 oz.) de tomates cortados en cubitos
- 2 dientes de ajo, picados
- 4 tazas de caldo de pollo
- 1 cucharadita de condimento italiano
- 2 cucharaditas de chile en polvo
- Sal y pimienta negra al gusto
- 12 onzas. rigatoni, crudo
- 2 tazas de queso Parmigiana Reggiano rallado
- Perejil fresco picado para decorar

Direcciones

a) Caliente el aceite en una olla grande a fuego medio.

b) Agregue y saltee la cebolla, los champiñones y el ajo durante 5 minutos o hasta que estén fragantes y tiernos.

c) Agregue los ingredientes restantes excepto el queso y el perejil. Mezclar bien y llevar a ebullición. Reduzca el fuego a bajo y cocine a fuego lento durante 10 a 15 minutos o hasta que el rigatoni esté al dente. Ajuste el sabor con sal y pimienta negra.

d) Vierta el queso y cocine a fuego lento hasta que esté completamente derretido.

e) Sirva la comida, adorne con perejil y sirva caliente.

26. Ensalada Asiática De Atún

Para 4 personas

Ingredientes:

- 2 latas (5 oz.) de atún, escurrido
- ½ taza de repollo rojo rallado
- 1 zanahoria rallada grande
- 1 diente de ajo picado
- 1 cucharadita de hojuelas de chile rojo (opcional)
- 1 cucharadita de jengibre, rallado
- 1 cucharadita de aceite de sésamo tostado
- 2 cucharadas de aceite de oliva
- 3 cucharadas de vinagre de arroz
- 1 cucharadita de azúcar
- 2 cucharadas de cilantro fresco picado
- 1 cebollín, picado
- Sal y pimienta negra al gusto

Direcciones

a) Agregue todos los ingredientes a una ensaladera y mezcle bien.

b) Sirva con pan o en tazas de lechuga.

27. Mini tortas de cangrejo

Para 4 personas

Ingredientes:

Pasteles de cangrejo:

- 2 latas (6 oz.) de carne de cangrejo en trozos
- ⅓ taza de pan rallado
- ¼ taza de cebolla roja finamente picada
- ¼ taza de pimiento rojo finamente picado
- ¼ taza de cilantro finamente picado
- 1 huevo grande, batido
- 1 diente de ajo picado
- ¼ taza de mayonesa
- ¼ de cucharadita de condimento Old Bay
- ¼ de cucharadita de sal al gusto
- ¼ cucharadita de pimienta negra
- ½ taza de pan rallado

- 2 cucharadas de aceite de oliva

Alioli de ajo:

- 1 taza de mayonesa
- 4 dientes de ajo, machacados
- 2 cucharadas de cilantro finamente picado
- 1 cucharadita de jugo de limón fresco
- Sal y pimienta negra al gusto

Direcciones

a) Agregue todos los ingredientes a un tazón excepto el aceite de oliva y mezcle bien. Formar 8 empanadas de la mezcla.

b) Caliente el aceite de oliva en una sartén antiadherente a fuego medio y cocine las hamburguesas de 2 a 3 minutos por lado o hasta que estén doradas.

c) Mientras tanto, mezcle todos los ingredientes del alioli de ajo en un tazón y sirva con pasteles de cangrejo cuando esté listo.

28. Pasta De Tomate Y Atún

Para 4 personas

Ingredientes:

- 1 cucharada de aceite de oliva virgen extra
- 1 lata (15 oz.) de tomates cortados en cubitos, sin escurrir
- 1 cucharadita de condimento italiano
- 1 lata (6 oz.) de atún empacado en agua, sin escurrir
- ¼ taza de alcaparras curadas en salmuera, escurridas
- ½ taza de agua
- 1 ½ cucharadita de orégano fresco picado
- ½ taza de perejil fresco picado
- ½ limón, rallado y en jugo
- Sal y pimienta negra al gusto
- 8 oz. pasta penne, cocida al dente

Direcciones

a) Caliente el aceite de oliva en una sartén grande a fuego medio.

b) Agregue los tomates, el condimento italiano, el atún, las alcaparras y el agua. Lleve a ebullición y cocine a fuego lento durante 5 a 7 minutos o hasta que el líquido se reduzca a la mitad.

c) Agregue el orégano, el perejil, la ralladura de limón, el jugo de limón, la sal y la pimienta negra.

d) Agregue penne hasta que esté bien mezclado y sirva la comida. Servir tibio.

29. Piperada de cerdo

Para 4 personas

Ingredientes:

- ¼ taza de harina común
- 1 paquete de condimento para tacos
- 1 libra de carne de cerdo deshuesada, cortada en tiras finas
- 4 cucharadas de aceite de oliva, dividido
- 2 pimientos rojos medianos, sin semillas y en rodajas finas
- 1 cebolla mediana, en rodajas finas
- 2 tazas de tomates enteros enlatados, escurridos
- Sal y pimienta negra al gusto

Direcciones

a) Mezcle la harina y el condimento para tacos en un tazón y sazone el cerdo con la mezcla.

b) Caliente 1 cucharada de aceite de oliva en una sartén grande a fuego medio. Agite la carne de cerdo para liberar el exceso de harina y cocine la carne en aceite por ambos lados durante 10 a 12 minutos o hasta que esté dorada. Transferir a un plato y reservar.

c) Deseche el aceite y limpie la sartén.

d) Caliente el aceite restante en una sartén y saltee los pimientos y la cebolla durante 3 minutos o hasta que estén tiernos. Vierta los tomates y cocine por 10 minutos o hasta que se rompan.

e) Regrese el cerdo a la sartén; revuelva bien y cocine a fuego lento durante 1 a 2 minutos. Ajuste el sabor con sal y pimienta negra.

30. Tacos De Atún Enlatado

Para 4 personas

Ingredientes:

- 2 cucharadas de crema agria
- 2 cucharadas de mayonesa
- 2 cucharadas de crema espesa
- 1 cucharadita de jugo de limón fresco
- 1 cucharadita de aceite vegetal
- 1 lata (8 oz.) de atún, escurrido
- 8 tacos, calientes
- $\frac{1}{4}$ taza de cebolla picada
- $\frac{1}{4}$ taza de cilantro fresco picado
- $\frac{1}{2}$ taza de aguacates en rodajas

Direcciones

a) En un tazón, mezcle la crema agria, la mayonesa, la crema espesa y el jugo de limón hasta que estén bien combinados. Dejar de lado.

b) Caliente el aceite en una sartén mediana y saltee el atún durante 2 a 3 minutos o hasta que se dore.

c) Coloque el atún en tacos y cubra con cebolla, cilantro y aguacates.

d) Servir tibio.

31. Dip de queso de cocción lenta

Para 4 personas

Ingredientes:

- 1 libra de carne molida
- ½ libra de salchicha de cerdo picante
- 2 libras de terciopelo en cubos
- 2 latas (10 oz.) de tomates y pimientos cortados en cubitos
- Sal al gusto

Direcciones

a) Cocine la carne y la salchicha en una sartén a fuego medio durante 10 minutos o hasta que estén doradas.

b) Agregue la mezcla y los ingredientes restantes a la olla de cocción lenta. Sazonar con sal.

c) Cierre la olla y cocine en ALTO durante 4 horas o BAJO durante 8 horas.

d) Abra la tapa, revuelva bien y sumerja el plato.

e) Disfrútelo tibio con palitos de vegetales, tiritas de tortilla, etc.

32.   Pollo al curry de coco

Para 4 personas

Ingredientes:

- 3 cucharadas de aceite de coco, divididas
- 1 libra de muslos de pollo deshuesados y sin piel, cortados en trozos de 1 pulgada
- piezas
- Sal y pimienta negra al gusto
- ½ cebolla amarilla mediana, picada
- 3 dientes de ajo, picados
- 2 cucharadas de jengibre picado
- 3 cucharadas de pasta de curry rojo
- 2 cucharaditas de curry amarillo en polvo
- 2 cucharaditas de cilantro en polvo
- 1 pimiento rojo grande, sin semillas y en rodajas
- 1 lata (14 oz.) de leche de coco entera
- 2 cucharadas de azúcar moreno

- 2 cucharaditas de salsa de pescado, opcional

- 1 cucharada de jugo de limón fresco

- ¼ taza de cilantro fresco picado

Direcciones

a) Derrita la mitad del aceite de coco en una olla mediana a fuego medio.

b) Sazone el pollo con sal y pimienta negra. Cocine en aceite por ambos lados durante 6 minutos o hasta que estén ligeramente doradas. Retire el pollo en un plato y reserve.

c) Caliente el aceite de coco restante en una olla y saltee la cebolla, el ajo y el jengibre durante 3 minutos o hasta que estén tiernos y fragantes.

d) Sazone con pasta y polvo de curry y polvo de cilantro; mezcle el pimiento, el pollo y cocine por 4 minutos o hasta que el pimiento esté tierno.

e) Agregue la leche de coco, el azúcar moreno, la salsa de pescado y cocine a fuego lento durante 7 a 10 minutos. Ajuste el sabor con sal si es necesario.

f) Mezcle el jugo de lima y apague el fuego. Adorne con cilantro y sirva el curry tibio.

33. Ensalada De Garbanzos Y Feta

Para 4 personas

Ingredientes:

Ensalada:

- 1 pepino grande, picado
- 2 latas (15 oz.) de garbanzos, enjuagados y escurridos
- ½ taza de cebolla roja picada
- 8 oz. queso feta, picado
- ¼ taza de albahaca picada

Vendaje:

- ½ taza de aceite de oliva virgen extra
- 2 cucharadas de jugo de limón fresco
- ¼ taza de vinagre balsámico blanco
- ½ cucharadita de mostaza Dijon
- 2 dientes de ajo, picados
- 1 cucharadita de perejil seco

- Sal y pimienta negra al gusto

Direcciones

a) Mezcle todos los ingredientes de la ensalada en un tazón y reserve.

b) Agregue todos los ingredientes a un tazón y bata hasta que estén bien mezclados. Rocíe sobre la ensalada y mezcle bien.

c) Servir ensalada.

34.   Camarones Fra Diavolo

Para 4 personas

Ingredientes:

- ½ cucharadas de aceite de oliva
- ¾ lb de camarones, pelados y desvenados
- Sal y pimienta negra al gusto
- 1 cebolla pequeña, picada
- 2 dientes de ajo, picados
- 1 lata (28 oz.) de tomates triturados
- 1 taza de vino blanco seco
- ¼ de cucharadita de orégano seco
- 2 cucharaditas de hojuelas de chile rojo
- 8 oz. espaguetis, cocidos
- Perejil fresco picado para decorar

Direcciones

a) Caliente el aceite de oliva en una sartén grande a fuego medio.

b) Sazone los camarones con sal y pimienta negra. Cocine en una sartén por ambos lados durante 2 a 3 minutos o hasta que estén rosados y opacos. Retirar a un plato y reservar.

c) Agrega la cebolla y el ajo a la sartén; cocine por 3 minutos o hasta que estén tiernos y fragantes.

d) Vierta los tomates, el vino blanco, el orégano y las hojuelas de chile rojo. Lleve a ebullición y cocine a fuego lento durante 5 a 7 minutos o hasta que la salsa se reduzca a la mitad.

e) Sazone con sal y pimienta negro.

f) Agregue los espaguetis y mezcle con la salsa hasta que estén bien cubiertos. Mezcle los camarones y decore con perejil.

g) Servir tibio.

35. Albóndigas italianas cocinadas a fuego lento

Para 4 personas

Ingredientes:

- 1 lata (28 oz.) de tomates triturados
- 1 bolsa de albóndigas italianas congeladas
- 1 cebolla mediana, picada
- 1 cucharadita de ajo en polvo
- 1 cucharadita de condimento italiano
- 1 taza de caldo de res
- Sal y pimienta negra al gusto

Direcciones

a) Agregue todos los ingredientes a una olla de cocción lenta y cubra la tapa.

b) Cocine en ALTO durante 4 horas o BAJO durante 8 horas.

c) Abra la tapa, revuelva con cuidado para no romper las albóndigas y ajuste el sabor con sal y pimienta negra.

d) Servir caliente con espaguetis.

36. Ternera a la Cerveza

Ingredientes

- 500g de trozos de ternera baratos
- 500 ml de cerveza de verdad
- 4 cebollas grandes
- 2 dientes de ajo gordos
- Cucharadas de harina común

Direcciones

a) Carne cruda, pasarla por harina... freír 4--5 piezas a la vez en una cacerola caliente para sellar... poner a un lado cuando todo esté listo
b) Cortar las cebollas en cuartos... freír en la misma sartén que la ternera... para que absorban los jugos...
c) Hacia el final de freír la cebolla echamos los dientes de ajo machacados.
d) Transfiera la carne, las cebollas y el ajo a una cacerola honda. Agregue la harina restante.
e) Vierte sobre la botella de cerveza.
f) Tape y cocine a 150 durante unas 2 horas y media.

37. Pad Thai Pollo

4 porciones

Ingredientes
- Fideos de arroz
- 2 pechugas de pollo
- sal y pimienta
- 3 chiles rojos medianos (picados)
- 3 cebolletas (picadas)
- 2 huevos
- Cilantro
- 1 cucharada de jugo de limón
- 1 cucharada de azúcar moreno
- 2 dientes de ajo (picados)
- 3 cucharadas de salsa de pescado
- 60 g de gambas cocidas
- 3 cucharadas de maní tostado (ligeramente molido)
- brotes de soja
- sarna tout o guisantes dulces

Direcciones
a) Remoje los fideos de arroz en agua caliente durante 20 minutos o hasta que estén cocidos.
b) Calienta un poco de aceite en una sartén y añade los dos huevos batidos y sazonados para hacer una tortilla. Pasar a un plato y cortar en tiras y dejar enfriar.

c) Calentar un poco de aceite en el wok y agregar el pollo, una vez sellado por todos lados agregar el ajo.
d) Agregue las cebolletas y los camarones (si los usa) y saltee por otro minuto
e) Agregue los chiles, los fideos escurridos, la salsa de pescado, el jugo de limón, el azúcar y los cacahuetes y saltee a fuego alto durante otro minuto.
f) Mezcle los brotes de soja, las tiras de tortilla, la sarna y saltee enérgicamente durante unos 30 segundos.
g) Mezcle el cilantro y sazone al gusto. Servir bien caliente.

38. Curry verde tailandés

Ingredientes
- 2 pechugas de pollo
- 1 lata de leche de coco o leche de coco baja en grasa
- 1 cebolla
- 1 berenjena
- 1 pasta de curry verde tailandesa de chile verde picado

Direcciones

a) Para hacer el curry, cocine la pasta en una fuente grande no-palo wok o sartén grande a fuego lento, durante 5 minutos. Cortar el pollo en tiras y añadir a la sartén con la cebolla picada. Cocine por 5--8 minutos o hasta que ya no esté rosado. Añadir la berenjena troceada.

b) Agregue la leche de coco y cocine a fuego lento durante unos 10 minutos o hasta que el pollo esté bien cocido. Repartir por encima la guindilla y servir con arroz.

39. Pollo A La Piña

4 porciones

Ingredientes
- 2 cucharaditas de aceite de canola o sésamo
- 1 paquete (10 oz.) de brócoli congelado
- 1/2 taza de salsa para saltear
- 1/4 taza de jugo de piña, use el jugo reservado de la piña enlatada
- 1/4 cucharadita de ajo en polvo
- 1/4 cucharadita de pimiento rojo triturado
- 1 lata (15 oz.) de trozos o bocaditos de piña, escurridos
- 2 tazas de pollo cocido cortado en cubitos

Direcciones

a) Caliente el aceite en una sartén grande a fuego medio alto. Agregue todos los ingredientes EXCEPTO la piña y el pollo. Cocine y revuelva hasta que se caliente por completo, de 5 a 6 min.
b) Agrega la piña y el pollo; cocina otros 2 minutos.

40. Arroz Vegetariano

Ingredientes

- 1/2 cebolla picada
- 1 diente de ajo picado
- 1 calabacín picado
- 1 zanahoria rallada
- 1 pimiento rojo o amarillo picado
- 75 g de guisantes congelados
- 1/2 lata de tomates picados
- 350ml de caldo de verduras
- 150 g de arroz integral seco
- 1 cucharadas de perejil seco
- 1 cucharadita de cúrcuma
- Condimento

Direcciones

a) Agregue la cebolla, el ajo y la cúrcuma a la sartén con un chorrito de caldo de verduras.
b) Revolviendo, cocine a fuego lento durante 3 minutos y luego agregue el calabacín picado, la zanahoria rallada y el pimiento picado.
c) Revuelva bien durante 3 minutos más y luego agregue el arroz seco.
d) Mezclar bien el arroz con las verduras.

e) Una vez que el arroz esté bien repartido por toda la mezcla añadir el caldo.-dejar hervir
f) Una vez hervido, inmediatamente baje el fuego a fuego lento y cubra. Cocine por 10 minutos.
g) Agregue los tomates picados y los guisantes congelados y revuelva.
h) Tape y cocine a fuego lento durante otros 10 minutos.
i) Una vez cocido, agregue el perejil seco con el condimento.
j) Cuchara de arroz en 2 platos

41.   Arroz con huevo frito

Ingredientes

- Arroz (¡tanto como te apetezca!)
- Media cebolla (O más, otra vez si te apetece)
- Una lata de maíz dulce
- unos champiñones
- 1--2 huevos

Direcciones

a) Comienza a cocinar el arroz como lo hagas y pon un poco de aceite en una sartén.
b) Picar la cebolla en trocitos, del tamaño que sea, no importa especialmente y echar en la sartén.
c) Picar los champiñones y agregar a las cebollas.
d) Una vez que el arroz esté cocido, escúrrelo y añádelo a la sartén.
e) Incline el maíz dulce escurrido en la sartén también y revuélvalo todo.
f) Rompe los huevos en la sartén (O bátelos en otro tazón y colócalos en la sartén) y revuelve la mezcla.

g) En este punto, debe seguir revolviendo la mezcla, manteniendo los huevos en movimiento.

h) Continúe hasta que los huevos se hayan cocinado, debe tomar alrededor de 5--8 minutos tal vez?

42.   salmón al horno

Ingredientes
- 1 filete de salmón, sin piel (las colas son las más baratas)
- Cualquier verdura que te guste: tomate, pimientos, calabacines, etc. Nata líquida
- Pimienta negra
- Sal

Direcciones

a) Poner el salmón en una fuente de horno -- agregue verduras picadas y crema encima--con sal y pimienta
b) Asar a fuego fuerte durante unos 25 min. Si es un filete grueso, tardará más en cocinarse, compruebe siempre si el medio está cocido.
c) Puedes servirlo con arroz o pasta.

43. Carbonara al funghi

Ingredientes
- 4 lonchas de tocino entreverado, picadas
- 10 g de hongos porcini secos
- 4 champiñones en taza cerrada (25 g cada uno), en rodajas finas
- 90g de espaguetis de valor
- 1 huevo batido
- 30 g de queso parmesano, rallado
- 2 cucharaditas de aceite de oliva
- 1/2 diente de ajo pequeño, finamente picado

Direcciones
a) Remoja los champiñones porcini en agua caliente durante 20 minutos. Escurrir, picar y reservar
b) Mezcla el huevo batido y dos tercios del queso parmesano en un bol grande para hacer la salsa carbonara. Condimentar con sal y pimienta.
c) Cocine los espaguetis de acuerdo con las instrucciones del paquete.
d) Mientras tanto, calienta el aceite en una sartén y fríe el tocino durante 3 minutos. Agregue los champiñones frescos, los hongos porcini y el ajo y cocine por otros 3--4 minutos, revolviendo con frecuencia.
e) Escurrir los espaguetis, reservando 1 cucharada del agua de cocción.

Inmediatamente agregue la pasta a la salsa carbonara, así como el agua de cocción reservada, el tocino y los champiñones. Mézclalo todo junto con dos tenedores.

f) Sirva inmediatamente cubierto con el queso parmesano restante.

44. Boloñesa de espagueti simple

Ingredientes
- 500 g de carne picada
- 1 cucharada de aceite de oliva
- 1 cebolla, finamente picada
- 1 taza de caldo de res
- diente de ajo
- Zanahorias, champiñones y apio (opcional) 1 cucharadita seca mixta o italiana-estilo hierbas Chorrito de pasta de tomate
- 1 x 425 g de passatta o tomates picados

Direcciones

a) Caliente el aceite en un recipiente pesado.-sartén y agregue la cebolla, revolviendo a fuego moderado durante 1-2 minutos.
b) Agregue la carne picada, revolviendo constantemente hasta que esté bien dorada.
c) Agregue los ingredientes restantes.
d) Cubra y cocine a fuego lento durante unos 30 minutos, o hasta que esté bien cocido (si usa tomates picados, esto llevará un poco más de tiempo).
e) Sirva con sus espaguetis, pan y ensalada favoritos.

45. Ensalada de pepino

Ingredientes

- 1 pepino, en rodajas
- 3 cucharadas de azúcar
- 1/4 taza de jugo de limón fresco
- 8 oz. cCrea agria
- 1 cucharadita de sal
- 1/2 cucharadita de eneldo

Direcciones

a) Disuelva el azúcar en el jugo de limón. Agregue la crema agria, la sal y el eneldo.
b) Mezclar con los pepinos.

46. Ensalada de queso de cabra/remolacha

Ingredientes
- Lechuga/Cualquier base de ensalada de hojas que te guste
- Remolacha (cortada en rodajas)
- Queso de cabra (cortado en rodajas)
- nueces
- Aderezo balsámico

Direcciones
a) Poner lechuga/ensalada de hojas en un plato
b) Agregue remolacha y queso de cabra en la parte superior
c) Espolvorear nueces trituradas por encima
d) Rocíe el aderezo balsámico por encima

POSTRE EN LATA

47. Barras de pastel de arándanos

Para 4 personas

Ingredientes:

Barras:

- ½ taza de mantequilla salada, temperatura ambiente
- ¾ taza de azúcar granulada
- 2 huevos
- 1 cucharadita de extracto de vainilla
- 1½ tazas de harina común
- ½ cucharadita de canela en polvo
- ¾ cucharadita de levadura en polvo
- 1 lata de relleno de pastel de arándanos
- Relleno de streusel:
- ¼ c. harina
- 2 cucharadas de azúcar
- 1 ½ cucharadas de mantequilla derretida

Llovizna:

- 1 taza de azúcar glas
- 4 cucharaditas de leche
- $\frac{1}{2}$ cucharadita de extracto de vainilla

Direcciones

a) Precaliente el horno a 375 grados F y engrase un molde para hornear de 8 x 11 con mantequilla y reserve.

b) Agregue la mantequilla y el azúcar al tazón de una batidora eléctrica y bata hasta que quede suave.

c) Batir un huevo a la vez hasta que quede suave. Agregue la vainilla y mezcle bien.

d) Tamice la harina, la canela en polvo y el polvo de hornear en la mezcla de huevo y mezcle hasta que se forme una masa suave.

e) Extienda tres cuartas partes de la masa en un molde para hornear y cubra con el relleno de pastel de arándanos encima.

Extienda la masa restante sobre el relleno para pastel. Dejar de lado.

f) **Relleno de streusel:** Mezcle todos los ingredientes en un tazón y espolvoree sobre la capa de la barra.

g) Hornee en el horno durante 35 a 40 minutos o hasta que estén doradas en la parte superior.

h) Retire del horno y enfríe durante 15 minutos.

i) En un tazón pequeño, mezcle todos los ingredientes de la llovizna hasta que estén suaves y esparcidos sobre el postre.

j) Cortar en barras y disfrutar.

48. Sartén De Piña Al Revés

Para 4 personas

Ingredientes:

- ½ taza de mantequilla
- 1 taza de azúcar morena envasada
- 1 lata (20 oz.) de piña en rodajas, escurrida y reservando 1/3 de taza
- de jugo
- ½ taza de nueces picadas
- 3 huevos grandes, a temperatura ambiente, separados
- 1 taza de azúcar granulada
- 1 cucharadita de extracto de vainilla
- 1 taza de harina común
- 1 cucharadita de levadura en polvo
- ¼ cucharadita de sal
- Cerezas al marrasquino para cubrir

Direcciones

a) Precaliente el horno a 375 grados F.

b) Derrita la mantequilla en una sartén resistente al horno de 10 pulgadas a fuego lento. Agregue el azúcar moreno hasta que se derrita.

c) Coloque 8 rodajas de piña en una sartén en una sola capa y espolvoree nueces encima. Dejar de lado.

d) En un tazón, bata las yemas de huevo y agregue gradualmente el azúcar granulada.

e) Mezcle el jugo de piña reservado y la vainilla. Agregue la harina, el polvo de hornear, la sal y revuelva bien hasta que se forme una masa suave.

f) En otro tazón, bata las claras de huevo a alta velocidad (con una batidora eléctrica) hasta que se formen picos rígidos. Doblar en la masa hasta que quede suave.

g) Extienda la mezcla sobre las piñas en una sartén y hornee durante 30 a 35 minutos o hasta que pase la prueba de un palillo.

h) Retire la sartén, deje reposar el pastel durante 10 minutos e inviértalo en una fuente para servir.

i) Adorne con cerezas en el centro de las rodajas de piña y sirva.

49. Microondas Cereza Crujiente

Para 4 personas

Ingredientes:

- 1 lata (21 oz.) de relleno de pastel de cerezas
- 1 cucharadita de jugo de limón fresco
- 1 taza de harina común
- ¼ taza de azúcar morena envasada
- ¾ cucharadita de canela en polvo
- ¼ de cucharadita de polvo de pimienta de Jamaica
- 1/3 taza de mantequilla fría, en cubos
- ½ taza de nueces picadas

Direcciones

a) Mezcle el relleno de pastel de cereza y el jugo de limón en un recipiente apto para microondas. Dejar de lado.

b) En otro tazón, mezcle los ingredientes restantes excepto las nueces hasta que parezcan migas gruesas. Dobla las nueces de manera uniforme.

c) Extienda la mezcla sobre la mezcla de relleno de cerezas y cocine en el microondas sin tapar ya temperatura alta durante 3 a 4 minutos hasta que burbujee.

d) Sírvalo tibio con helado de vainilla.

50.   Ensalada Ambrosia

Para 4 personas

Ingredientes:

- 1 lata (15 oz.) de mandarinas, escurridas
- 1 lata (8 oz.) de golosinas de piña, escurridas
- 1 taza de coco rallado endulzado
- 1 taza de malvaviscos en miniatura
- 1 taza de crema agria

Direcciones

a) Agregue todos los ingredientes a un tazón y mezcle bien.

b) Cubra y refrigere por lo menos 4 horas.

c) Disfruta después.

51. Tarta de manzana en lata

Rendimiento: 8 porciones

Ingrediente

- ⅔ taza de manteca
- ½ cucharadita de polvo de hornear
- 3⅓ una taza de azúcar
- 2 cucharaditas de bicarbonato de sodio
- 4 huevos
- 1½ cucharadita de sal
- 2 tazas de puré de manzana
- 1 cucharadita de canela (molida)
- 3⅓ taza de harina
- 1 cucharadita de clavo (molido)
- 1 taza de pasas
- ½ taza de pecanas (picadas)

Direcciones:

a) Engrase 8 tarros de boca ancha para conservas de una pinta con manteca derretida. Use un cepillo y evite engrasar los bordes de la jarra.

b) Manteca vegetal y azúcar. Batir los huevos y el puré de manzana. Tamice los ingredientes secos y mézclelos con la mezcla de compota de manzana. Agregue las pasas y las nueces y divida la masa en partes iguales entre 8 tarros de una pinta de boca ancha. Los frascos estarán más de la mitad llenos.

c) Hornee los frascos abiertos unos 60 minutos en un horno a 325 grados. Cuando haya terminado, retire rápidamente un frasco caliente a la vez y limpie su borde de sellado. Aplique inmediatamente y apriete firmemente una tapa para conservas de boca ancha de dos piezas.

d) La tapa formará un sello al vacío a medida que el frasco se enfríe. Los frascos de pan enfriado se pueden almacenar en el estante de la despensa con otros alimentos enlatados o se pueden colocar en un congelador.

52.   Buñuelos de almejas en lata

Rendimiento: 12 porciones

Ingrediente

- 1 huevo; bien golpeado
- ½ cucharadita de sal
- ⅛ cucharadita de pimienta negra
- ⅔ taza de harina de trigo blanca
- 1 cucharadita de polvo de hornear
- ¼ taza de caldo o leche de almejas en lata; o combinación
- 1 cucharada de mantequilla; Derretido
- 1 taza de almejas enlatadas picadas; escurrido, líquido reservado
- Aceite o mantequilla clarificada; para la plancha o para freír
- ¼ taza de crema agria o yogur
- 1 cucharadita de eneldo; estragón o tomillo

Direcciones:

a) Mezcle suavemente todos los ingredientes, agregando las almejas al final. Vierta 2 cucharadas colmadas por buñuelo en una plancha caliente engrasada o una sartén de hierro.

b) Cuando rompan las burbujas, dar la vuelta a los buñuelos.

c) Sirva tibio con una cucharada de crema agria con hierbas, yogur o salsa tártara.

CARNE EN CONSERVA

53. Hachís dorado

Ingredientes

- 1 pinta de carne de res enlatada cortada

Direcciones:

a) A 1 litro de puré de papas agregue 1 pinta de carne de res enlatada picada, 1 cebolla finamente picada y condimentos al gusto, y mezcle bien.
b) Moldear en tortas planas y freír lentamente por ambos lados hasta que estén crujientes.
c) O extienda la mezcla en una capa uniforme en una sartén engrasada y cocine lentamente hasta que esté bien dorada.

54. Repollo a la plancha y carne en conserva

Ingredientes

- 1 pinta de carne de res enlatada cortada

Direcciones:

a) Caliente 3 cucharadas de grasa en una sartén grande, agregue 3 cuartos de repollo rallado, cubra para mantener el vapor y cocine durante 10 a 15 minutos, revolviendo con frecuencia.
b) Agregue 1 pinta de carne en conserva enlatada, separada en trozos pequeños, y caliente bien.
c) Sazone al gusto con sal, pimienta y un poco de vinagre.

55. Sándwich de ternera y cebolla

Ingredientes

- 1 pinta de carne de res enlatada cortada

Direcciones:

a) Cocine 1 pinta de cebollas rebanadas tiernas en 3 tazas de agua hirviendo con sal.

b) Espesar con harina mezclada con agua fría y cocinar varios minutos más. Agregue 1 pinta de carne de res enlatada y caliente bien. Sazone al gusto con sal y pimienta. Úselo como relleno para sándwiches calientes con pan o galletas calientes.

56. Estofado de ternera con albóndigas

Ingredientes

- 1 pinta de carne de res enlatada cortada

Direcciones:

a) Cocine aproximadamente 2 cuartos de galón de verduras en rodajas en 1 cuarto de galón de agua con sal hasta que estén tiernos. Las cebollas, los nabos y las zanahorias son una buena combinación. Espesar ligeramente con harina mezclada con agua fría.

b) Agregue 1 pinta de carne de res enlatada cortada. Sazone al gusto.

57. Pastel de ternera y nabos

Ingredientes

- 1 pinta de carne de res enlatada cortada

Direcciones:

a) Cocine 1 litro de nabos tiernos cortados en cubitos en 1 litro de agua hirviendo con sal. Espesar con harina mezclada con agua fría. Agregue 1 pinta de carne de res enlatada y viértala en una fuente poco profunda o para hornear. Cubra con masa y hornee en un horno caliente.

b) Para esta masa, tamiza 1 litro de harina con 2 cucharaditas de sal y 2 cucharadas de polvo para hornear.

c) Trabajar en 4 cucharadas de grasa. Agregue suficiente líquido (agua, o leche fresca, o leche en polvo o evaporada preparada con agua) aproximadamente 2 tazas, para hacer una masa suave.

d) Estirar o dar golpecitos a la masa de aproximadamente 1 pulgada de espesor. Cubra el pastel con la hoja de masa, o córtelo en galletas y colóquelas muy juntas sobre la parte superior de la mezcla de carne y nabos.

58. Vieira de ternera

Ingredientes

- 1 pinta de carne de res enlatada cortada

Direcciones:

a) Cocine 1 taza de arroz y mezcle con 2 a 3 tazas de tomates enlatados, 1 pinta de carne enlatada cortada y una cebolla en rodajas. Sazone al gusto con sal y pimienta.

b) Hornee lentamente en una sartén poco profunda hasta que la mezcla espese. O en lugar del arroz, use sémola de maíz cocida, sémola de maíz, macarrones, espaguetis, fideos o trigo integral o partido.

59. pastel de tamal

Ingredientes

- 1 pinta de carne de res enlatada cortada

Direcciones:

a) Cocine juntos 2 tazas de harina de maíz, 2 cucharaditas de sal y 4 tazas de agua para hacer una papilla bastante espesa.

b) Mezcle 1 pinta de carne de res enlatada con 1 pinta de tomates enlatados, agregue una cebolla finamente picada y sal y pimienta al gusto.

c) Poner una capa de papilla en una fuente o molde para horno engrasado, agregar la mezcla de carne y cubrir con el resto de la papilla. Llevar a horno moderado hasta que esté bien caliente y ligeramente dorado por encima.

SARDINAS EN CONSERVA

60. Tazón de sardinas y vegetales

Para 4 personas

Ingredientes

- 1 cucharadita de aceite de oliva
- 2 dientes de ajo, picados
- 3 tazas de verduras mixtas congeladas (de elección), descongeladas
- 1 taza de quinua precocida, opcional
- $\frac{1}{2}$ cucharadita de albahaca seca
- Sal y pimienta negra al gusto
- $\frac{1}{4}$ de cucharadita de hojuelas de chile rojo (opcional)
- 3 latas (3.75 oz.) de sardinas en aceite de oliva, escurridas

Direcciones:

a) Caliente el aceite de oliva en una sartén grande a fuego medio.

b) Agrega el ajo, las verduras mixtas y la quinua; saltee durante 3 a 4 minutos o hasta que las verduras estén bien calientes.

c) Sazone con albahaca, sal, pimienta negra y hojuelas de chile rojo; cocine a fuego lento durante 1 minuto.

d) Sirva la comida en tazones para servir, cubra con sardinas y sirva caliente.

61. sardinas en tostadas

Ingredientes

- 1 lata de sardinas

Direcciones:

a) Caliente 1 lata de sardinas en salsa de tomate en una cacerola tapada.

b) Servir caliente sobre tiras de pan tostado.

62. Sardinas de California al horno

Ingredientes

- 1 lata de sardinas

Direcciones:

a) Prepare un aderezo para pan de la siguiente manera: combine 1/2 taza de apio finamente rallado y pan rallado suave. Sazone con 1 cucharadita de sal, 1 cucharadita de pimienta, 1 cucharadita de macis, 2 cucharadas de mantequilla derretida. Humedecer con 1/2 taza de agua hirviendo.

b) Coloque el aderezo en el fondo de una fuente para hornear engrasada. Reserva salsa de tomate de 1 lata de Sardinas.

c) Divida cada sardina y colóquela, con la parte abierta hacia arriba, sobre el aderezo para pan.

d) Vierta la salsa de tomate de sardinas sobre la cacerola y hornee en un horno moderado (365 grados F.) durante 30 minutos.

63. Chartreuse de arroz y pescado

Ingredientes

- 1 lata de sardinas

Direcciones:

a) Cubra la cacerola con mantequilla con arroz cocido de una pulgada de grosor en el fondo y los lados del plato. Copie el contenido de 1 lata de sardinas en salsa de tomate y colóquelo en el centro de una cacerola cubierta con arroz, sazone con 1/2 cucharadita de sal, 1 cucharadita de jugo de cebolla, 1 cucharada de jugo de limón, unos granos de cayena y 3 cucharadas de salsa de tomate.

b) Cubra el pescado con una capa de una pulgada de arroz cocido y hornee en un horno moderado (363 grados F.) durante 20 minutos.

64. Pelusa de sardina

Ingredientes

- 1 lata de sardinas

Direcciones:

a) Escurra el líquido de 1 lata de sardinas en salsa de tomate y desmenuce el pescado en trozos pequeños.

b) Sazone con 1/2 cucharadita de sal, 1 cucharadita de pimienta y 1/4 de cucharadita de paprika.

c) Prepare la salsa blanca mediana de la siguiente manera: derrita 2 cucharadas de mantequilla y agregue 2 cucharadas de harina, agregue 1 taza de leche lentamente y cocine hasta que espese.

d) Vierta la mezcla espesa sobre 3 yemas de huevo batidas hasta que adquiera un color limón.

e) Cocine 5 minutos más en baño maría.

f) Incorpore a la mezcla las claras batidas de los 3 huevos y el pescado desmenuzado. Vierta en una fuente para hornear untada con mantequilla colocada en una cacerola que contenga agua caliente.

g) Hornee en un horno lento (325 grados F.) hasta que esté firme y listo para usar al instante

65. Estampado de sardinas

Ingredientes

- 1 lata de sardinas

Direcciones:

a) Use 1 lata de Sardinas en Salsa de Tomate. Parta el pescado por la mitad y retire el hueso. Colóquelo en una bandeja para hornear poco profunda, sazone cada pescado con una pizca de macis y un poco de perejil picado.

b) Bañar con una cucharadita de salsa de tomate. Manténgalo bajo la llama del asador hasta que esté bien caliente y colóquelo en un plato para servir con montones alternos de zanahorias con mantequilla y guisantes verdes cortados en cubitos.

66.   Sardinas asadas con salsa curry

Ingredientes

- 1 lata de sardinas

Direcciones:

a) Escurrir la salsa de tomate de las sardinas. Dividir las sardinas y asarlas en una sartén poco profunda. Rocíe cada uno con una cucharadita de salsa de tomate y caliente hasta que estén dorados.

b) Prepare la salsa blanca, agregue 1 cucharadita de curry en polvo para sazonar cuando mezcle la mantequilla y la harina. Coloque las sardinas sobre una tostada o una cama de espaguetis cocidos y vierta la salsa de curry por encima.

c) Decorar con perejil.

67. Cazuela de sardinas con tomate

Ingredientes

- 1 lata de sardinas

Direcciones:

a) Esparza las migas untadas con mantequilla en el fondo de una fuente para hornear engrasada. Coloque el contenido de 1 lata de sardinas en salsa de tomate en el plato, agregue una lata de sopa de tomate y cubra con migas de mantequilla. Hornee en un horno moderado (365 grados F.) 25 minutos.

b) Para servir, esparcir los huevos duros finamente picados y el perejil picado por encima. Rocíe con 2 cucharadas de jugo de limón.

68. Revuelto de sardinas

Ingredientes

- 1 lata de sardinas

Direcciones:

a) Derrita 2 cucharadas de mantequilla en una sartén. Saltear las sardinas de 1 lata de Sardinas en Salsa de Tomate. Dividir por la mitad, quitar los huesos y calentar en la mantequilla hasta que se dore.

b) En un plato aparte, bata 4 huevos hasta que estén espumosos y sazone con 1/2 cucharadita de sal, una pizca de pimienta, 1 cucharadita de curry en polvo y 1 cucharadita de paprika.

c) Vierta los huevos sobre las sardinas y cocine hasta que estén firmes. Servir en un plato adornado con palitos de pan tostado. Las empanadas de boniato o patata blanca son buenas para comer con el revuelto de sardinas.

69. Sardina Newburg

Ingredientes

- 1 lata de sardinas

Direcciones:

a) Escurrir el líquido de las Sardinas en Salsa de Tomate. Dividir las sardinas y asar a la parrilla hasta que estén bien doradas. Prepare la salsa blanca de la siguiente manera: Derrita 2 cucharadas de mantequilla, agregue 1/2 cucharada de harina, 1/2 cucharadita de sal, 1/2 cucharadita de Salsa Worcestershire y agregue 1 taza de leche gradualmente; continuar cocinando hasta que espese.

b) Tueste triángulos de pan, coloque las sardinas sobre la tostada caliente en su plato para servir las comidas diarias y vierta la salsa por encima.

c) Adorne con pimiento picado y sirva de inmediato.

70. Sardinas con salsa de champiñones

Ingredientes

- 1 lata de sardinas

Direcciones:

a) Reserva salsa de tomate de 1 lata de Sardinas.

b) Partir las sardinas, asar a la parrilla hasta que estén bien doradas, rociar

c) con salsa de tomate mientras se calientan. Prepare la siguiente salsa blanca: derrita 2 cucharadas de mantequilla y mezcle ½ cucharada de harina. Agregue 1/2 cucharadita de sal, 1 cucharadita de pimienta y 1 taza de leche, lentamente. Cocine 5 minutos. Agregue ½ taza de champiñones franceses enlatados, en rodajas. Cocine 15 minutos más. Coloque las sardinas en las tostadas, vierta la salsa de champiñones y sirva de inmediato.

71. Sardinas al estilo sureño

Ingredientes

- 1 lata de sardinas

Direcciones:

a) Use 1 lata de Sardinas en Salsa de Tomate. Rebozar las sardinas en harina, sumergirlas en huevo batido diluido con 3 cucharadas de leche. Pasar nuevamente por harina. Freír en grasa profunda y caliente (400 grados F.) hasta que estén doradas. Colóquelos en una fuente para servir caliente y rocíe cada uno con unas gotas de jugo de cebolla.

b) Sirva con papas hervidas enrolladas en perejil y mantequilla derretida.

72. Parrillada de sardinas

Ingredientes

- 1 lata de sardinas

Direcciones:

a) Mezcle 2/3 de taza de queso americano rallado hasta obtener una pasta con mayonesa. Sazone con 1/2 cucharadita de sal, 1 cucharadita de mostaza preparada, unos granos de cayena y 1/4 de cucharadita de paprika.

b) Escurra la salsa de tomate de las sardinas, parta cada una por la mitad, unte un lado con la mezcla de queso y vuelva a presionar para que adquiera su forma original.

c) Colocar cada sardina rellena sobre una fina rebanada de pan cortada del mismo tamaño que la sardina. Coloque una rodaja de tomate encima y tueste bajo la llama del asador hasta que estén doradas. Servir de una vez.

73. Sardina salteada con fideos

Ingredientes

- 1 lata de sardinas

Direcciones:

a) Cocine 8 oz. fideos durante 8 minutos en agua hirviendo con sal. Escurra y coloque en un plato para servir que debe mantenerse caliente. Salsa Reserva de Sardinas en Salsa de Mostaza.
b) Partir cada sardina, levantando el hueso. Saltee en una sartén caliente con 1 cucharada de aceite hasta que esté completamente caliente. Sazone con una pizca de nuez moscada y 1/2 cucharadita de perejil picado.
c) Coloque las sardinas sobre una cama de fideos y, mientras está muy caliente, esparza queso rallado sobre toda la porción.
d) Espolvorea 3 cucharadas de aderezo de mostaza sobre el queso mientras lo sirves.

74. Chuletitas de sardina en fromage

Ingredientes

- 1 lata de sardinas

Direcciones:

a) Salsa de reserva de 1 lata de Sardinas en Salsa de Mostaza.

b) Divida cada sardina, levante el hueso y colóquela, con la parte abierta hacia arriba, en una bandeja para hornear poco profunda. Espolvorear cada uno con un poco de sal, unas gotas de jugo de limón y esparcir generosamente con queso americano rallado.

c) Caliente a fuego lento hasta que el queso se derrita. Espolvorea una cucharadita de salsa de mostaza sobre cada chuleta. Servir con galletas de té tostadas.

75.   Cena de ensalada de sardinas

Ingredientes

- 1 lata de sardinas

Direcciones:

a) Corta 6 huevos duros por la mitad, a lo largo. Tamizar las yemas a través de un colador fino.

b) Reserva una porción de yema tamizada para decorar. Picar finamente y triturar 1 lata de Sardinas en Salsa de Mostaza, agregar 1/2 cucharadita de sal, 12 aceitunas verdes rellenas finamente picadas, 2 cucharadas de jugo de limón, 3 cucharadas de mayonesa o suficiente para humedecer, yemas de huevo tamizadas y 1 cucharada de perejil picado.

c) Combinar en una pasta suave. Rellenar las claras, colocar sobre hojas de lechuga y decorar con trocitos de pimiento picado, yemas tamizadas y un poco de pimiento verde.

76. Antipasto de sardinas

Ingredientes

- 1 lata de sardinas

Direcciones:

a) Para cada servicio individual de este aperitivo, coloque en el centro del plato de ensalada una cucharada de postre de repollo finamente desmenuzado, previamente marinado en aceite, vinagre y condimentos.

b) Alrededor de la col desmenuzada, disponer 2 sardinas tipo francesa, 2 láminas finas de salami y aceitunas variadas. Sobre el repollo, coloque una anchoa.

77. Ensalada de sardinas y espárragos

Ingredientes

- 1 lata de sardinas

Direcciones:

a) Sobre una cama de lechuga picada disponer un manojo de Espárragos

b) Consejos. A ambos lados colocar Sardinas Tipo Francesa. Prepare rizos de apio para adornar la ensalada y coloque una tira de pimiento y una de pimiento verde sobre los espárragos.

c) Servir con aderezo francés.

JUDÍAS VERDES ENLATADAS

78. Patatas A La Sartén Y Judías Verdes

Ingredientes:

- 3 tazas de papas (frescas o enlatadas), picadas 3/4 cucharadita de sal

- 1 lata (14 oz.) de judías verdes, escurridas y enjuagadas 1/2 cucharadita de hierbas secas (orégano, perejil, albahaca)

- 2 dientes de ajo, picados

- pimienta negra al gusto

Direcciones:

a) Pon a hervir una olla grande de agua con sal. Hervir las patatas durante 15-20 minutos (o hasta que estén tiernas) y escurrir. Si

b) usando papas enlatadas, omita este paso.

c) Caliente el aceite en una sartén grande a fuego medio-alto. Agregue las papas y seque, revolviendo una vez cada 3-5 minutos, hasta que

d) aproximadamente la mitad de ellos son de color marrón dorado, unos 5-10 minutos.

e) Agregue el ajo y las judías verdes a la sartén y continúe salteando hasta que estén fragantes y calientes.

f) Sazone la sartén con sal, hierbas y un poco de pimienta negra.

79.   cazuela de judías verdes

Ingredientes:

- 3 latas (14.5 oz.) de judías verdes, escurridas y enjuagadas
- 3/4 cucharadita de sal
- 2-3 cucharadas de aceite, divididas
- 1/4 cucharadita de pimienta negra
- 1 cebolla mediana, picada
- 2 1/2 tazas de leche baja en grasa
- 1 diente de ajo picado (o 1 cucharadita de ajo en polvo)
- 1/2 taza de pan rallado integral
- 3 cucharadas de harina para todo uso
- 1/2 taza de queso rallado (opcional)

Direcciones:

a) Precaliente el horno a 400° F. Engrase una fuente para hornear de 13x9 pulgadas.

b) Caliente 1 cucharada de aceite en una cacerola grande a fuego medio. Agregue la cebolla y cocine, revolviendo con frecuencia, hasta que se dore, de 5 a 8 minutos. Agregue la harina, la sal, la pimienta y el ajo. Cocine por 1 minuto más, revolviendo constantemente.

c) Agregue la leche y revuelva, raspando los pedacitos dorados. Cocine, revolviendo hasta que la salsa burbujee y se espese lo suficiente como para cubrir el dorso de una cuchara, aproximadamente 4 minutos. Retire del fuego y agregue las judías verdes.

d) Si lo usa, combine el pan rallado y 1 cucharadita de aceite en un plato pequeño.

e) Agregue la mezcla de judías verdes a la fuente para hornear. Espolvorea la mezcla de pan rallado y/o queso sobre las judías verdes.

f) Hornee durante 15-20 minutos o hasta que la cacerola esté burbujeante y la parte superior se haya dorado ligeramente. Servir tibio.

80.   Judías verdes y tomates

Ingredientes:

- 1 cebolla, picada
- 1/2 cucharadita de sal
- 2 latas (14.5 oz.) de judías verdes, escurridas y enjuagadas
- 1/4 cucharadita de pimienta
- 1 lata (14.5 oz.) de tomates cortados en cubitos, sin escurrir
- 1/4 cucharadita de ajo en polvo

Direcciones:

a) Coloque todos los ingredientes en una olla mediana a fuego medio-alto. Cocine, revolviendo ocasionalmente, hasta que

b) la mezcla comienza a burbujear.

c) Reduce el fuego a bajo y la cubierta. Cocine a fuego lento durante 10-15 minutos. Servir tibio.

81. Ensalada De Tres Frijoles

Ingredientes:

- 2 latas (15 oz.) de frijoles, escurridos y enjuagados
- 2 cucharadas de aceite
- 2 cucharadas de vinagre
- 1 lata (14 oz.) de judías verdes, escurridas y enjuagadas 1 cucharadita de condimento italiano
- 1 cebolla mediana, picada
- 1/2 cucharadita de ajo en polvo
- 1 pimiento, picado
- 1/4 cucharadita de sal
- 1/4 taza de aderezo italiano
- 1/4 cucharadita de pimienta negra

Direcciones:

a) En un tazón grande, combine las judías verdes, los frijoles enlatados, la cebolla y el pimiento.

b) mezcle el aceite, el vinagre, el condimento italiano, el ajo en polvo, la sal y la pimienta. Vierta sobre la ensalada.

c) Mezcle las verduras y guárdelas en el refrigerador durante al menos una hora.

d) Escurra cualquier exceso de líquido antes de servir.

82. sopa de tres hermanas

Ingredientes:

- 1 cucharada de aceite
- 4 tazas de caldo de pollo, caldo de verduras o agua
- 1 cebolla grande, picada
- 2 cucharadas de mantequilla, derretida
- 2 dientes de ajo picados (o 1 cucharadita de ajo en polvo)
- 2 cucharadas de harina
- 1 lata (14.5 oz.) de judías verdes, escurridas y enjuagadas
- 1 cucharadita de salvia seca u otra hierba (opcional)
- 1 lata (14.5 oz.) de maíz o maíz pozolero, escurrido y enjuagado
- 1 lata (14.5oz.) de papas, escurridas
- 1 lata (14.5 oz.) de frijoles (cualquier tipo), escurridos y enjuagados
- sal y pimienta para probar

Direcciones:

a) Caliente el aceite en una olla grande a fuego medio-alto; agregue la cebolla y cocine hasta que se dore, aproximadamente de 5 a 7 minutos.

b) Agregue el ajo y cocine por 1 minuto más, revolviendo constantemente.

c) Agregue los ingredientes restantes y deje hervir; reduzca el fuego a bajo y cocine a fuego lento, hasta que las verduras estén blandas, unos 10 minutos.

d) En un tazón pequeño, mezcle la mantequilla derretida y la harina. Revuelva en la sopa.

e) Aumente el fuego a medio y cocine por 5 minutos más, o hasta que la sopa se espese.

f) Sal y pimienta para probar. Servir tibio.

83.   Judías verdes con ajo

Ingredientes:

- 2 cucharadas de aceite
- sal y pimienta para probar
- 2 dientes de ajo picados (o 1 cucharadita de ajo en polvo)
- 2 cucharadas de salsa de soja (opcional)
- 2 latas (14 oz.) de judías verdes, escurridas y enjuagadas
- 1/2 cucharadita de hojuelas de pimiento rojo (opcional)

Direcciones:

a) En una sartén grande a fuego medio, agregue el aceite y luego el ajo y cocine, revolviendo con frecuencia, durante unos 30 segundos. Si usa ajo en polvo, omita este paso y agregue durante el paso 2.

b) Agregue las judías verdes, la salsa de soya y sazone con sal y pimienta. Agregue hojuelas de pimiento rojo si lo desea. Cocine hasta que los frijoles estén bien calientes.

84. Cazuela de cena simple

Ingredientes:

- 3-4 tazas de arroz integral cocido, pasta de trigo integral, fideos de huevo
- 1 taza de pollo, atún O salmón enlatado, escurrido
- Papas cocidas en cubos
- 1-2 cucharaditas de hierbas secas
- 1 lata (15 oz.) de judías verdes, escurridas y enjuagadas
- 1 (16oz) lata de tomates cortados en cubitos
- 1 lata (10 oz.) de crema de champiñones/pollo
- 1/2 taza de leche

Direcciones:

a) Precaliente el horno 350F.

b) Combine todos los ingredientes en una cacerola engrasada

c) Hornee durante 20-25 minutos en el microondas al 50% de potencia durante 15-30 minutos, girando según sea necesario. Servir tibio.

MAÍZ ENLATADO

85. Maíz con mantequilla de hierbas

Rendimiento: 10 porciones.

Ingredientes:

- 1/2 taza de mantequilla, ablandada
- 1 cucharada de cebollín picado
- 1 cucharada de eneldo fresco picado
- 1 cucharada de perejil fresco picado
- 1/2 cucharadita de tomillo seco
- 1/4 cucharadita de sal
- Pizca de ajo en polvo
- pizca de pimienta de cayena
- Maíz cocido caliente en la mazorca

Direcciones:

a) En un tazón pequeño, combine los primeros ocho ingredientes.

b) Servir con maíz.

86. Budín de Maíz Supremo

Rendimiento: 12-16 porciones.

Ingredientes:

- 1 paquete (8 onzas) de queso crema, ablandado
- 2 huevos
- 1/3 taza de azúcar
- 2-1/3 tazas de maíz dulce fresco o congelado
- 1 lata (14-3/4 onzas) de maíz estilo crema
- 1 paquete (8-1/2 onzas) de mezcla para pan de maíz/muffins
- 1 taza de leche
- 2 cucharadas de mantequilla, derretida
- 1 cucharadita de sal
- 1/2 cucharadita de nuez moscada molida

Direcciones:

a) En un tazón pequeño, bata el queso crema, los huevos y el azúcar hasta que se mezclen. Remueva con los ingredientes restantes.

b) Transfiera a un engrasado de 13 pulgadas. x 9 pulg. molde para hornear Hornee a 350° durante 45-50 minutos o hasta que el termómetro marque 160°.

87. Salsa De Maíz Asado Y Frijoles Negros

Ingredientes:

- 2 tazas de maíz congelado, descongelado y sin escurrir
- 1/4 taza de pimiento rojo dulce picado
- 1/4 taza de pimiento verde picado
- 1/4 taza de aceite vegetal
- 2 dientes de ajo, picados
- 1 cucharadita de comino molido
- 1 cucharadita de chile en polvo
- pizca de sal
- 1 lata (15 onzas) de frijoles negros, enjuagados
- 1 cucharada de cilantro fresco picado
- chips de tortilla

Direcciones:

a) En un tazón pequeño, combine el maíz y los pimientos. En otro tazón, bata el aceite, el ajo, el comino, el chile en polvo y la sal.

b) Rocíe sobre las verduras y revuelva para cubrir. Colóquelo en una sola capa en un recipiente sin engrasar de 15 pulgadas. x 10 pulg. x 1 pulg. molde para hornear

c) Hornee, sin tapar, a 425 ° durante 10-15 minutos o hasta que los pimientos estén tiernos. Enfriar un poco. Transferir a un tazón para servir; agregue los frijoles negros y el cilantro.

d) Servir con tortilla

88. sopa de elote

Ingredientes:

- 3/4 taza de cebolla picada
- 2 cucharadas de mantequilla
- 1 taza de papas peladas cocidas cortadas en cubitos
- 1 taza de jamón cocido completamente cortado en cubitos
- 2 tazas de maíz dulce fresco, congelado o enlatado
- 1 taza de maíz estilo crema
- 1 lata (10-3/4 onzas) de crema de champiñones condensada, sin diluir
- 2-1/2 tazas de leche
- Sal y pimienta para probar
- 1 cucharada de perejil fresco picado

Direcciones:

a) En una cacerola pesada, cocine la cebolla en mantequilla hasta que esté tierna.

Agrega todos los ingredientes restantes; llevar a ebullición.

b) Reduzca el calor; cocine a fuego lento, sin tapar, para 20-30 minutos.

ACEITUNAS EN CONSERVA

89. Bistec Rib-Eye Sellado Con Salsa De Tomate Y Aceituna

Ingredientes

- 1 taza (190 g) de tomates frescos cortados en cubitos
- ½ taza (70 g) de aceitunas verdes sin hueso, en rodajas finas
- 2 cucharadas (30 ml) de hojas de perejil picadas
- 2 cucharadas (30 ml) de aceite de oliva virgen extra, cantidad dividida
- 1 cucharada (15 ml) de vinagre balsámico
- ¼ de cucharadita (1,25 ml) de sal marina
- ¼ de cucharadita (1,25 ml) de pimienta negra recién molida
- 1 cucharada (15 ml) de ajo picado
- 2 bistecs rib-eye (12 onzas/340 g), de 1¼ pulgadas (3,15 cm) de grosor, retirados del refrigerador 30 minutos antes de cocinarlos
- Sal marina
- Pimienta negra recién molida

Sirve de 2 a 4

Direcciones

a) Para preparar el condimento, mezcle los tomates, las aceitunas, el perejil, 1 cucharada (15 ml) de aceite de oliva, el vinagre y la medida de sal y pimienta en un tazón mediano. Deje reposar por lo menos 30 minutos antes de servir.

b) En un tazón pequeño, mezcle la cucharada restante (15 ml) de aceite de oliva con el ajo.

c) Frote ambos lados de los filetes con el aceite de ajo y sazone con sal y pimienta.

d) Caliente una sartén grande de fondo grueso a fuego medio-alto hasta que esté caliente pero sin humear.

e) Dore la grasa en los bordes de los bistecs durante 2 minutos sujetando los dos bistecs con pinzas y presionando los bordes en la sartén caliente.

f) Voltee y dore los lados planos de los bistecs durante 4 a 5 minutos por cada lado (para medio cocido a medio).

g) Transfiera los filetes a una tabla de cortar y deje reposar durante al menos 5 minutos.

h) Corta los filetes en tiras de $\frac{1}{2}$ pulgada (1,25 cm).

i) Sirva el bistec cubierto con salsa.

90. Ensalada De Higos Y Prosciutto

Porciones: 2

Ingredientes

- 1 docena de higos de California frescos
- 4 onzas de prosciutto en rodajas
- 4 onzas de queso manchego
- 2 puñados de rúcula salvaje
- 1/4 taza de aceitunas marinadas
- 1 cucharada de vinagre balsámico de higo, u otro balsámico de buena calidad
- 1 cucharada de aceite de oliva
- sal y pimienta para probar

Direcciones:

a) Lave, despalille y corte en cuartos los higos. Coloque uniformemente en una tabla o bandeja grande.

b) Partir cada loncha de prosciutto por la mitad y colocar en la tabla con los higos.

c) Con un pelador de verduras, raspa el queso manchego en rodajas finas y espolvorea sobre los higos y el queso. Cubra con las aceitunas y la rúcula.

d) Trate de ser ingenioso acerca de la colocación de cada elemento. Esta no es una ensalada mixta y debe lucir casualmente elegante. Rocíe la parte superior de la ensalada con vinagre balsámico y aceite. Espolvorea con sal y pimienta al gusto y sirve de inmediato.

91. Tapenade De Aceitunas

Ingredientes

- 16 onzas. lata de aceitunas verdes de california sin hueso escurridas
- 16 onzas. lata de aceitunas negras sin hueso de California escurridas
- 3 cucharadas de tomates secados al sol escurridos
- 2 cucharadas de alcaparras escurridas
- 2 dientes de ajo picados
- 2 cucharadas de perejil fresco picado
- 3 cucharadas de albahaca fresca picada
- 1/4 taza de aceite de oliva
- 2 cucharadas de jugo de limón fresco

Direcciones:

a) Agregue todos los ingredientes en un procesador de alimentos y pulse hasta obtener la consistencia deseada

b) ¡Atender!

92. Pan de Queso con Ajo y Aceitunas Verdes

Ingredientes

- 2 6 onzas latas de aceitunas verdes de California sin hueso, escurridas
- 2 dientes de ajo picados
- 1/2 taza de mayonesa
- 1/2 taza de mantequilla ablandada
- 3 tazas de queso mozzarella rallado
- 1 hogaza de pan de masa madre, pan francés
- cebolletas picadas

Direcciones:

a) Precalentar el horno a 350 grados.

b) Partir las aceitunas por la mitad. Agregue el resto de los ingredientes (excepto el pan) y mezcle bien en un bol.

c) Corta el pan por la mitad y unta la mezcla en cada mitad.

d) Hornee durante 20 minutos o hasta que se derrita y burbujee.

e) Ase a la parrilla durante unos minutos para obtener una buena parte superior dorada. ¡Rebana y disfruta!

93. Aceitunas de ternera

Ingredientes

- 180 g (2) bistecs finos de ternera
- 70 g de avena
- ¼ de cebolla pequeña
- 25 g de mantequilla
- Pizca de sal
- pizca de pimienta negra molida
- 1 zanahoria
- 1 cebolla
- ¼ de puerro grande
- 200 g de patatas
- 600g de agua
- 1 cubito de caldo de res
- 1 cucharadita de aceite de oliva
- pizca de pimienta negra molida

Direcciones:

a) Derrita suavemente la mantequilla en una sartén, pique finamente la cebolla y ablande en la sartén con la mantequilla.

b) Agregue la avena y cocine por 10 minutos, luego deje que se enfríe un poco.

c) Vierta la mezcla de relleno en un trozo grande de film transparente y enrolle en forma de cilindro usando el film transparente, girando la película en ambos extremos para asegurar la mezcla.

d) Metemos en la nevera para que se enfríe.

e) Tome los filetes de res y cúbralos con una hoja de film transparente, luego, con un rodillo (u otro objeto pesado), golpee repetidamente el filete para crear un trozo de carne más delgado y ancho.

f) Saque la mezcla de avena del refrigerador y desenvuélvala del film transparente.

g) Partir la mezcla en dos y envolver cada trozo con uno de los filetes, cortándolo a la medida necesaria. Asegure los 'paquetes' de carne con una cuerda.

h) Picar las zanahorias, las cebollas, el puerro y las patatas.

i) Ponga el aceite de oliva en una sartén grande y dore los 'paquetes' de carne.

j) Añadir las verduras troceadas, el caldo y la pimienta y llevar a ebullición.

k) Cocine a fuego lento durante 1 hora.

JICA EN CONSERVA

94. Yaca tirada "cerdo"

Porciones: 8

Ingredientes

- 2 cucharadas de aceite de oliva
- ¼ taza de cebolla Vidalia picada
- 3 dientes de ajo, picados
- 3 libras de jaca verde joven enlatada empacada en agua, escurrida
- 2 tazas de salsa barbacoa, o más al gusto

Direcciones:

a) Caliente el aceite en una sartén grande a fuego medio. Cocine y revuelva la cebolla y el ajo hasta que se ablanden un poco, aproximadamente 3 minutos. Agrega la jaca; cocine y revuelva hasta que esté ligeramente dorado y relativamente libre de humedad, aproximadamente 10 minutos.

b) Transfiera la mezcla de jaca a una olla de cocción lenta; cubrir con salsa barbacoa. Cocine a fuego lento, revolviendo ocasionalmente, hasta que la jaca se triture fácilmente con un tenedor, aproximadamente 6 horas.

95. Curry de jaca

Tamaño de la porción: 4

Ingredientes

- 2 latas (20 onzas // 565 g) de jaca
- 1 cucharada de aceite de coco
- 1 1/2 cucharaditas de semillas de comino
- 1 1/2 cucharaditas de semillas de mostaza negra
- 1 cebolla amarilla grande, cortada en cubitos
- 6 dientes de ajo, picados
- Un trozo de jengibre fresco de 2 pulgadas, picado o rallado
- 1 chile serrano, cortado en cubitos
- 1 cucharadita de cúrcuma molida
- 2 cucharaditas de garam masala
- 1 cucharadita de cilantro
- 1 cucharadita de pimentón dulce o picante
- 1 cucharadita de chile rojo indio en polvo
- 6 a 8 hojas de curry secas
- 1 1/2 cucharaditas de sal kosher
- 3/4 taza (180 ml) de agua
- 1 lata (13,5 onzas / 400 ml) de leche de coco entera

- 3 batatas medianas, cortadas en cubitos
- 1 lata de 225 g (8 onzas) de salsa de tomate
- 4-5 tazas (60-75 g) de col rizada tierna o espinacas tiernas, picadas en trozos grandes
- 1 cucharada de jugo de limón recién exprimido o jugo de lima
- 1/2 taza (8 g) de hojas frescas de cilantro y tallos tiernos, picados
- Para servir: Arroz basmati blanco o pan plano

Direcciones:

a) Escurra la yaca y enjuague bien (para eliminar toda la salmuera/sal). Usa tus manos para triturar la jaca para que parezca cerdo desmenuzado. Deseche los núcleos duros que no se puedan triturar fácilmente.

b) Seleccione la configuración de salteado en Instant Pot. Después de unos minutos, agregue el aceite para calentar. Una vez que la pantalla Instant Pot muestre "HOT", agregue las semillas de comino y las semillas de mostaza y fríalas durante 45 segundos, revolviendo con frecuencia, hasta que comiencen a estallar y estén muy aromáticas.

c) Agregue las cebollas y cocine hasta que se ablanden, unos 5-6 minutos.

d) Agregue el ajo, el jengibre y la pimienta, y cocine por 90 segundos, revolviendo con frecuencia para evitar que se queme.

e) Agregue las especias molidas (cúrcuma, garam masala, cilantro, pimentón y chile en polvo), hojas de curry y 1 1/2 cucharaditas de sal kosher. Revuelva para cubrir y cocine por 30 segundos, revolviendo para combinar. Agregue los 3/4 de agua para desglasar, usando una cuchara de madera para raspar cualquier trozo dorado en el fondo de la olla.

f) Vierta la leche de coco y raspe los trozos dorados restantes. Agregue la jaca rallada y las batatas picadas. Revuelva para combinar y seleccione Cancelar.

g) Asegure la tapa y configure Liberación de presión en Sellado. Seleccione la configuración de cocción a presión a alta presión y establezca el tiempo de cocción en 6 minutos.

h) Una vez que el temporizador se haya completado, permita una liberación de presión natural durante 10 minutos y luego cambie la perilla de Liberación de presión de Sellado a Ventilación para liberar el vapor restante.

i) Abre la olla y agrega la salsa de tomate y las espinacas, y revuelve para incorporar. Seleccione la configuración Salteado, hierva el curry y cocine a fuego lento hasta que la salsa se espese, aproximadamente 2-3 minutos. Agregue el jugo de limón y el cilantro y sazone al gusto con sal/pimienta según sea necesario.

j) Servir con arroz basmati blanco o pan plano.

96. Cuencos de quinoa y jaca

Ingredientes

Salsa

- 2 cucharadas de mantequilla de almendras (me gusta esta)
- 2 cucharadas de mantequilla de anacardo
- 2 cucharadas de salsa de soja
- 1 cucharadita de jarabe de arce
- 1 cucharadita de aceite de sésamo
- $\frac{1}{4}$ de cucharadita de comino molido
- $\frac{1}{8}$ cucharadita de pimentón ahumado

Jaca

- 2 latas de 20 onzas de yaca verde joven
- 1 cebolla, picada
- 2 dientes de ajo, picados
- 4-5 champiñones cremini, en rodajas
- sal, pimienta al gusto

Bochas

- 1 taza de quinua (o arroz integral)
- 2 tazas de agua con sal
- 4 tazas de verduras salteadas como espinacas, col rizada, etc. (opcional)

Direcciones:

a) Combine todos los ingredientes de la salsa en un tazón pequeño y mezcle hasta que quede suave. Dejar de lado.

b) Comience preparando la quinua, combine la quinua con agua en una cacerola grande. Llevar a ebullición, luego reducir el fuego y dejar cocer a fuego lento durante unos 20 minutos, o hasta que no quede líquido. Mientras tanto, prepare el "pollo" con jaca.

c) Escurra y enjuague la jaca. Corte el centro (la parte firme) y deséchelo. Mantenga los bordes más suaves.

d) Caliente una cucharada de aceite en una sartén grande a fuego medio. Una vez caliente, agregar la cebolla y el ajo. Cocine durante 3-5 minutos hasta que las cebollas estén suaves y comiencen a caramelizarse, esto es importante para agregar sabor.

e) Agregue los champiñones y cocine por otros 5 minutos, o hasta que estén ligeramente dorados.

f) Agrega la jaca y tritúrala ligeramente presionando con una espátula mientras se cocina. Cocine durante 5-7 minutos, revolviendo con frecuencia para asegurarse de que no se pegue al fondo de la sartén. Si es necesario, agregue 1-2 cucharadas de agua para evitar que se pegue.

g) Agregue la salsa y mezcle bien, asegurándose de que toda la yaca esté cubierta. Continúe cocinando por un minuto más.

h) Divida la quinua en 3 tazones para servir, cubra con el "pollo" de jaca y un chorrito de jugo de limón. También puede servir con sus verduras favoritas como espinacas, col rizada, acelgas o rúcula.

97. Muffins de coco y jaca

Ingredientes

- 1 taza de 125 g de harina para todo uso
- ¼ taza 53 g de azúcar granulada
- 2 cucharadas 28g azúcar moreno
- ½ cucharadita de levadura en polvo
- ½ cucharadita de bicarbonato de sodio
- ⅛ cucharadita de sal
- 1 cucharadita de extracto de vainilla
- ¼ taza 60g mantequilla (sin sal derretida)
- ¼ taza de crema agria
- ¼ taza de leche
- 1 huevo
- ¼ taza de coco deshidratado + 2 cucharadas para cubrir
- 1 taza de jacas picadas enlatadas

Direcciones:

a) Precaliente el horno a 375F y cubra el molde para muffins con 6 moldes.

b) En un bol tamizar la harina, la levadura, el bicarbonato y la sal y reservar.

c) A esto agregue azúcar granulada, azúcar morena y coco, mezcle bien y reserve.

d) En el tazón, bata el huevo, la crema agria, el extracto de vainilla y mezcle a baja velocidad.

e) Rocíe la mantequilla derretida en la mezcla mientras la batidora funciona a baja velocidad hasta que todo se combine bien

f) Agregue los ingredientes secos y mezcle a baja velocidad hasta que se combinen, no mezcle demasiado, incluso si hay pequeños trozos secos, está bien.

g) Retire el tazón de la batidora de pie y simplemente doble los $\frac{3}{4}$ de las piezas de Jackfruit con una espátula de goma.

h) Rellena cada molde para muffins con $\frac{2}{3}$ masa completa. Luego cubra con el resto de la jaca y espolvoree el coco que reservó para decorar.

i) Hornee durante unos 15 minutos y luego gire la bandeja y continúe horneando hasta que el palillo salga limpio durante unos 7 minutos o más.

j) Disfrute con una taza de té o café.

98. Batido de jaca vietnamita

Rendimiento: 1 lote

Ingrediente
- 1 lata de jaca en almíbar
- 1 cucharada de leche condensada azucarada
- 7 cubitos de hielo
- 1 bola de helado de vainilla
- Leche o agua

Direcciones:

a) Poner $1/3$ de la fruta y $1/3$ del almíbar en una licuadora. Agrega la leche condensada azucarada y los cubitos de hielo. Licúa hasta que el hielo se triture.
b) Agregue el helado y mezcle, agregando leche o agua hasta lograr la consistencia deseada. Mezclar hasta que esté suave.

99. budín de jaca

Rendimiento: 6 porciones

Ingrediente
- 2 tazas de harina de arroz
- 1 taza de harina de tapioca
- 6 tazas de leche de coco
- 6 hojas de pandan (o esencia de pandan al gusto)
- 1 taza de jaca en cubitos (mango o plátano en rodajas)
- 30 Cuadrados de hoja de plátano de unos 20 cm cuadrados
- 16 cucharadas de jarabe de azúcar de palma
- 16 cucharadas de leche de coco espesa
- 1 cucharadita de sal

Direcciones:

a) Combine la harina de arroz, la harina de tapioca, la leche de coco, la sal y las hojas de pandan y cocine a fuego lento revolviendo constantemente, hasta que espese.

b) Retire las hojas de pandan y deséchelas. Dejar enfriar un poco y agregar la jaca. Coloque una hoja de plátano encima de la otra y apile un poco de la mezcla cocida en el centro.

c) Pliegue en ambos lados de la hoja de plátano. Vierta 1 cucharada de leche de coco espesa y jarabe de azúcar, luego sujete con palillos para asegurar. Alternativamente, enrolle en un cono, pero no cubra con leche de coco y azúcar de palma, sírvalos por separado. Cocine al vapor los paquetes durante 25 minutos. Deje enfriar a temperatura ambiente o enfríe antes de servir.

d) Jarabe de azúcar de palma: hierva cantidades iguales de azúcar de palma y agua hasta obtener una consistencia de jarabe. Gelatina de mango: 1 litro de agua 200 g de azúcar 30 g o 6 cucharaditas de gelatina, ablandada en agua tibia 1 taza de leche de coco ½ taza de leche evaporada 2 huevos batidos 200 g de pulpa de mango en puré 1 mango grande, en rodajas muy finas o en cubitos Combine el agua y el azúcar en una sartén y revuelva a fuego lento hasta que el azúcar se haya disuelto. Agregue la gelatina remojada y continúe calentando hasta que se disuelva completamente. Retire del fuego y agregue todos los ingredientes excepto el mango cortado en cubitos o en rodajas. Mezcle hasta que esté bien mezclado, luego agregue el mango cortado en cubitos. Verter en moldes individuales y refrigerar hasta que cuaje.

e) Adorne al servir con fruta fresca y un poco de puré de mango.

100.   pulao de jaca

Rendimiento: 1 raciones

Ingrediente
- 2 tazas de arroz de grano largo lavado y remojado
- 1 taza de gajos de jaca crudos sin semillas y cortados en cuartos
- ½ taza de repollo picado grueso
- 1 cebolla cortada en tiras finas
- 5 chiles verdes finamente picados
- 1 cucharadita de pasta de jengibre y ajo
- 1 cucharada de cilantro
- 1 rama de cebolleta finamente picada
- ½ taza de cuajada
- 2 cucharadas de coco rallado
- 2 cucharaditas de jugo de limón
- ½ cucharadita de azúcar
- Sal al gusto
- 2 cucharadas de leche
- 3 cucharadas de aceite

Direcciones:

a) Hervir el arroz en agua con sal, hasta que esté hecho, pero cada grano por separado.
b) Escurrir, distribuir en un plato, reservar para que se enfríe.

c) Caliente el aceite en una cacerola pesada. Agregue la jaca, fría hasta que esté ligeramente dorada, escurra.
d) Guarde 2-3 piezas para decorar, espolvoree sobre el arroz.
e) En el mismo aceite, agregue las cebollas, saltee hasta que estén doradas, escurra.
f) Espolvoree sobre el arroz, reservando 1 cucharada para decorar.
g) También reserve 1 cucharada de coco para decorar.
h) En el mismo aceite, agregue el repollo, los chiles, el jengibre, el ajo, saltee durante 3-4 minutos.
i) Agregue la cuajada, revuelva y cocine hasta que desaparezca la blancura.
j) Agregue las cebolletas, el limón, el azúcar, la sal, revuelva por un minuto. Agregue el coco y mezcle.
k) Vierta sobre el arroz. Mezcle suavemente hasta que esté bien mezclado.
l) Transferir a la cazuela. Espolvorear 2 cucharadas de leche.
m) Cubra con una guarnición de coco, cilantro, jaca y cebolla.
n) 15 minutos antes de servir, hornear tapado en horno caliente durante 10 minutos.

CONCLUSIÓN

¿Las recetas han ayudado a que tu amor por los alimentos enlatados se dispare? Espero que hayas disfrutado al máximo las recetas.

Los alimentos enlatados no tienen que representar comidas poco saludables cuando puede usar opciones seguras. Estas recetas incorporan solo tipos nutritivos y lo alientan a hacer lo mismo. Te simplifican la vida, facilitan la cocina y dan buenas ofrendas para un mejor bienestar.

Gracias por probar estas recetas y espero que las compartas con tus seres queridos.

¡Saludos a la cocina conveniente!

www.ingramcontent.com/pod-product-compliance
Lightning Source LLC
Chambersburg PA
CBHW071806080526
44589CB00012B/705